DIEDERICH LÜKEN • ALLTAGSGOLD

DIEDERICH LÜKEN

Alltagsgold

111 Fundstücke aus der Bibel

neukirchener
verlag

Bibliografische Information der Deutschen Nationalbibliothek:
Die Deutsche Nationalbibliothek verzeichnet diese Publikation
in der Deutschen Nationalbibliografie; detaillierte bibliografische Daten
sind im Internet über http://dnb.d-nb.de abrufbar.

© 2018 Neukirchener Verlagsgesellschaft mbH, Neukirchen-Vluyn
Alle Rechte vorbehalten
Umschlaggestaltung: 3Kreativ, Essen,
unter Verwendung eines Bildes von © Shutterstock/Pixejoo
Lektorat: Christina Herr, Lich
DTP: Breklumer Print-Service, www.breklumer-print-service.com
Verwendete Schriften: Adobe Caslon Pro, The Sans Plain
Gesamtherstellung: Finidr, s.r.o.
Printed in Czech Republic
ISBN 978-3-7615-6527-8

www.neukirchener-verlage.de

Inhalt

Vorwort

Manche nennen dieses hauswirtschaftliche Handwerkszeug Kehrblech, andere Kehrichtschaufel, im Süden sagt man Kutterschaufel, gemeint ist immer dasselbe. Wenn man den Fußboden mit dem Besen gekehrt hat, bildet sich ein Häufchen Abfall, den man mit dem Handfeger auf die Schippe nimmt und in den Mülleimer kippt. So hielten es auch die Angestellten im Haus meiner Eltern.

Mein Vater hatte einen Handwerksbetrieb und meine Mutter musste seine Erzeugnisse im Laden verkaufen. So blieb nicht viel Zeit für die Kinder und den Haushalt. Deshalb stellten meine Eltern ein junges Mädchen ein, das nicht nur auf die Kinder aufpassen, sondern auch für die Reinlichkeit sorgen sollte. Wenn sie nun den Boden gekehrt hatte und der Kehricht auf der Schaufel lag, machte sie es so, wie alle Raumpflegerinnen es vor und nach ihr getan haben: Sie vernichtete den staubigen Ertrag ihrer Arbeit. Diese Vernichtung war endgültig; denn wir hatten noch einen richtigen Ofen in der Küche, in dem man vor allem Koks verbrannte, in den man aber auch alles andere hineinwarf, was man nicht mehr zu brauchen meinte.

Leider aber merkten wir Kinder bald, dass auf der Kehrschaufel nicht nur Staub und Krümel lagen, sondern auch Dinge, die uns durchaus noch wertvoll erschienen: ein Bleistiftstummel zum Beispiel, ein verschmutzter Lego-Baustein, ein fast abgenutzter Radiergummi, Bindfadenenden, Gummibänder – der Schätze auf der Kehrschaufel war schier kein Ende. Das konnte natürlich unmöglich dem

Feuer überantwortet werden. So brachten wir unsere Angestellte dazu, uns zusammenzurufen, wenn sie den Boden gekehrt hatte; und drei Augenpaare suchten in dem Dreck nach den begehrenswerten Kleinigkeiten, sozusagen nach den Goldkörnern auf der Kehrschaufel.

Der Alltag besteht aus vielen Kleinigkeiten, die wir schnell in den großen Abfalleimer des Vergessens fallen lassen. Das ist auch gut so. Wollte man jede Kleinigkeit im Gedächtnis aufbewahren, die einem widerfährt, hätte man bald einen Kopf so groß wie der Kürbis, der im Schrebergarten Gärtnerstolz genannt wird. Wir machen uns deswegen keine Sorgen; in der Regel tauchen die wirklich wichtigen Erinnerungen wieder auf, wenn man sie braucht. Manchmal aber finden sich in den Alltagerlebnissen kleine Goldkörner, die es gleichwohl zu erkennen und aufzubewahren gilt.

Das geschieht immer dann, wenn ein kleines Erlebnis, eine kleine Erkenntnis, eine kleine Begegnung mit einem Mal über sich hinausweist und auf Größeres deutet. Dann lohnt es sich, innezuhalten und nachzudenken, was diese Kleinigkeit an kostbarer Botschaft in sich trägt. Oft stellt sich heraus, dass sie eine Erkenntnis, eine spirituelle Erfahrung oder eine Zurechtweisung mit sich bringt, die uns das Leben und den Glauben besser verstehen lässt und uns sogar einen Augenblick des Glücks beschert.

Ohne mich mit Jesus vergleichen zu wollen, möchte ich doch darauf aufmerksam machen, dass auch er auf dem Kehrichthaufen des Alltages seine Beispiele fand: Ein Brunnen, eine Tür, eine Öllampe, ein Salzstreuer – nichts war ihm zu gering, um damit Gottes Liebe zu zeigen. Und das Wahrzeichen des christlichen Glaubens, das Kreuz, war zu seiner Zeit ein Schandmal und gehörte ganz bestimmt in den Abfalleimer der Weltgeschichte. Aber für die Christen ist es ein Zeichen der Liebe und der Nähe Gottes.

Jedes der Goldkörner wird von einer Bibelstelle begleitet. Das heißt nicht, dass sich der Text um eine Auslegung bemüht. Die meisten Bibeltexte illustrieren den Text, führen gedanklich über ihn hinaus oder kontrastieren ihn. Auf jeden Fall ist das Textzitat eine Anregung, die Bibel aufzuschlagen und den Zusammenhang kennenzulernen, dem der Textausschnitt entnommen ist.

Es sollte nicht dabei bleiben, nur die Goldkörner zu genießen, die sich hier versammelt haben. Das Buch hat seinen Zweck dann erreicht, wenn der Leser selbst entdeckt, dass sich auf der Kehrschaufel seines eigenen Lebens ebenso kostbare, möglicherweise noch schönere Goldkörner finden lassen als die, die nun hier zusammengetragen wurden. Sie wurden auch nicht alle in der kurzen Zeit entdeckt, die man braucht, um einhundertelf Goldkörner zu beschreiben. Es sind Fundstücke aus einem ganzen Menschenleben.

Diederich Lüken
Balingen-Dürrwangen, im Juli 2017

1   Aufstehen am frühen Morgen

>»Ich liege und schlafe und erwache,
>denn der Herr hält mich.«
>
>PSALM 3,6

Ein Schüler bat den Rabbi um ein Gespräch. »Ich habe immer so komische Gedanken«, sagte er. – »So«, antwortete der Rabbi, »was für Gedanken sind das denn?« Der Schüler druckste eine Weile herum, und dann brach es aus ihm heraus: »Mal angenommen, Rabbi, es gibt gar keinen Gott. Dann ist doch alles sinnlos.« – »Was soll dann sinnlos sein?« – »Nun, meine Ausbildung, die Heilige Schrift, der Talmud, das ganze Leiden, das ganze Leben – alles sinnlos!« Der Rabbi dachte eine Weile nach, dann antwortete er: »Wenn das, mein lieber Freund, dabei herauskommt, wenn du nachdenkst, dann denke nur weiter nach!« Damit war das Gespräch beendet.

Der Rabbi war offensichtlich der Meinung: Wenn jemand darauf kommt, dass ohne den Glauben an Gott das ganze Leben sinnlos ist, dann wird er den Glauben niemals loslassen. Doch was für den Rabbi undenkbar war, vollzieht sich in unserer Gegenwart unablässig. Es scheint für viele Menschen endgültig festzustehen: Es gibt keinen Gott, und der Glaube ist ein Trugbild. Damit verbindet sich für viele die Schlussfolgerung: Dann ist das Leben hier und jetzt das einzige, das zu erwarten ist, und wenn es zu Ende ist, dann ist es eben zu Ende. Darüber hinaus ist nichts zu hoffen.

Diese Schlussfolgerung scheint mir unabweisbar zu sein. Aber das macht den Menschen offenbar nichts mehr aus; sie leben ganz wunderbar damit. Sie essen und trinken, arbeiten und feiern fröhlich, und das alles unter dem Horizont der Sinnlosigkeit. Manche erleben das sogar als Befreiung. Wenn Bertolt Brecht seinen Großen Dankchoral anstimmt, klingt das so: »Lobet von Herzen das schlechte Gedächtnis des Himmels! / Und dass er nicht / Weiß euren Nam' noch Gesicht. / Niemand weiß, dass ihr noch da seid. – Lobet die Kälte, die Finsternis und das Verderben! / Schauet hinan: / Es kommt nicht auf euch an / Und ihr könnt unbesorgt sterben.«

Allerdings höre ich in diesen Zeilen einen Sarkasmus, den ich als geheimen Protest gegen die Sinnlosigkeit empfinde. Brecht preist die Sinnlosigkeit des Lebens – gewiss –, aber dass er das tut, scheint ihm doch nicht sinnlos zu sein; sonst würde er es schließlich nicht tun! So steht hinter jeder Tat unausgesprochen die tiefe innere Überzeugung, dass es Sinn hat, diese Tat zu tun. Niemand vermag so zu leben, als wenn das Leben keinen Sinn hätte. Wenn ich frühmorgens aufstehe, zeige ich damit an: Es hat Sinn, frühmorgens aufzustehen. Indem ich tue, was zum Leben nötig ist, beweise ich mir selbst, dass mein Leben Sinn hat. Diesen Lebenssinn nennen wir Gott.

2 Die Montagszeitung

»Die Güte des Herrn ist's,
dass wir nicht gar aus sind.«

KLAGELIEDER 3,22a

Der erste Gang nach dem Aufstehen am Montagmorgen führt zum Briefkasten. Ich hoffe jedes Mal, dass die Zeitung schon gekommen ist, und meistens ist sie es auch. Ich suche zuerst den Wetterbericht, weil er mir eine Perspektive für die kommende Woche gibt. Und dann lese ich, was es Neues gibt.

Ich bin kein Prophet und weiß nicht, welche Schlagzeilen am jeweiligen Montag die Titelseite beherrschen. Aber eines weiß ich sehr wohl: dass sie meistens dazu angetan sind, die gute Montagmorgenlaune gründlich zu verderben. Ich brauche nur die Stichworte aufzuzählen, und jeder weiß, worum es sich handelt: Krawall, Krieg und Kriminalität. Die Anmaßungen kleinlicher Diktatoren. Die offenbar unausrottbare Pest des Antisemitismus, die wieder um sich greift. Christenverfolgungen in verschiedenen Teilen der Welt. Und so weiter. Da wirkt der schlechteste Wetterbericht immer noch wie eine Erlösung.

Und mir wird bewusst: Wir leben auf einer Insel der Seligen. Nirgendwo auf der Welt geht es den Menschen so gut wie in Mittel- und Nordeuropa. Selbst die Armen, um die wir uns völlig zu Recht Sorgen machen, sind im weltweiten Maßstab reich. Das ist zunächst ein Grund für große Dankbarkeit. Wir haben es nicht verdient, in einem

Land zu leben, in dem Frieden und Demokratie herrschen, in dem gut gewirtschaftet worden ist und in dem auch die sozialen Bedingungen erträglich sind.

Mir kommt dabei ein Wort aus der Bibel in den Sinn: »Die Güte des Herrn ist's, dass wir nicht gar aus sind, seine Barmherzigkeit hat noch kein Ende, sondern sie ist alle Morgen neu, und deine Treue ist groß« (Klagelieder Jeremias 3,22.23). Der Autor dieses Spruchs sagt dies mit der zerstörten Hauptstadt Jerusalem vor Augen. Trotzdem schreibt er sein Leben und Wirken der Güte Gottes zu. Um wieviel mehr müssten wir von Gottes Güte reden, die wir im Frieden leben, Reichtum auf Reichtum häufen und von Genuss zu Genuss eilen.

Warum will uns der Dank manchmal im Halse stecken bleiben? Ich denke, weil viele Menschen intuitiv spüren, dass es zynisch ist, dankbar für den Frieden zu sein und anderswo in der Welt kämpfen Menschen verzweifelt um ihr Überleben. Das heißt, dass unser Dankgebet, so wir es denn wirklich sprechen, verbunden werden muss mit der heißen Bitte um Frieden und Gerechtigkeit in der Welt.

Ich warte auf den Morgen, an dem ich nach dem Lesen der Zeitung zufrieden aufstehen kann in dem Wissen: Die Güte des Herrn und die Bemühungen der Menschen haben bewirkt, dass es heute ein bisschen besser in der Welt aussieht als gestern.

3 Streifen auf der Wäsche

»Halt, ich will dir den Splitter
aus deinem Auge ziehen!«
MATTHÄUS 7,4

Ein junges Pärchen hat soeben die neue Wohnung bezogen. Sie sitzen beim Frühstück in der Küche. Da fällt der Blick der jungen Frau auf die Nachbarin, die gerade Wäsche aufhängt. Sie sagt zu ihrem Mann: »Schau dir mal die Wäsche unserer neuen Nachbarin an. Das soll sauber sein? Sie sollte sich wirklich mehr Mühe geben oder wenigstens ein besseres Waschmittel verwenden.« Am nächsten Waschtag ergibt sich dasselbe Bild. Die Bettlaken sind einfach nicht richtig sauber. »Vielleicht gehe ich mal rüber und empfehle ihr ein neues Waschmittel!«, nimmt die Frau sich vor; aber wie so häufig im Leben bleibt es beim Vorsatz.

Doch eines Morgens staunt die junge Frau nicht schlecht, als sie wieder einmal die Nachbarin beim Aufhängen der Wäsche beobachtet. Die Wäsche ist blütenweiß. »Warst du etwa bei ihr und hast ihr ein anderes Waschmittel empfohlen?«, fragt sie ihren Mann. Der lacht und sagt: »Aber nein, mein Schatz, das würde ich doch niemals tun. Ich habe nur unser Küchenfenster geputzt.«

Diese kleine Anekdote kursierte eine Zeit lang im Internet, genauer: auf Facebook. Sie hat ihren Reiz dadurch, dass sie wenigstens vier Erkenntnisse transportiert: Erstens, wenn man etwas an seinen lieben Mitmenschen zu kritisieren hat, ist es manchmal gut, damit zu warten. Manches

Problem löst sich von selbst auf eine Weise, mit der man nicht gerechnet hat. Zweitens: Es geht niemanden etwas an, wie sauber jemand seine Wäsche aufhängt. Drittens: Wir sind geneigt, die Schuld für die kleinen Misshelligkeiten des Alltags bei anderen zu suchen. Nicht immer aber sind wirklich die anderen schuld daran. Manchmal ist es das eigene Problem, das den Kritikaster umtreibt. Und das kann durchaus dazu führen, dass man plötzlich wünscht, den Mund gehalten zu haben. Viertens ist diese kleine Geschichte ein Erweis für die Berechtigung einer Frage, die Jesus in der Bergpredigt stellt: »Warum siehst du den Splitter im Auge deines Bruders, aber den Balken in deinem Auge bemerkst du nicht?« (Matthäus 7,3).

So ist dieser Spruch bekanntlich auch in den Volksmund übergegangen. Ich bin mir aber sicher, dass Jesus die Fassung in gerechter Sprache vorgezogen hätte: »Warum siehst du den Splitter im Auge deines Mitmenschen, aber den Balken in deinem Auge bemerkst du nicht? Oder wie kannst du zu deinem Mitmenschen sagen: Lass mich den Splitter aus deinem Auge ziehen, und dabei steckt der Balken in deinem Auge? Welche Scheinheiligkeit! Zieh zuerst aus deinem Auge den Balken, dann siehst du klar und kannst den Splitter aus dem Auge deines Mitmenschen ziehen« (Matthäus 7,3.4).

Wie unsere Geschichte zeigt, ist manchmal der Splitter im Auge des anderen mit dem Balken im eigenen Auge sogar identisch.

4 Antwort und Frage

»... die aber nach dem Herrn fragen,
verstehen alles.«

SPRÜCHE 28,5b

Nanu?«, fragte der Rabbi seinen Lieblingsschüler, »was machst du für ein Gesicht?« Der Schüler antwortete: »Ich habe eine Antwort gefunden!« – »Na«, erwiderte der Rabbi, »das ist doch wunderbar. Und da machst du ein Gesicht wie sieben Tage Regenwetter?« – »Ja, sicher, das ist wunderbar, nur ... mir fehlt die Frage dazu!«

Frage und Antwort, neue Frage, neue Antwort, das ist die Methode, in der im traditionellen Ostjudentum die Rabbiner ausgebildet wurden. Eine bestimmte Frage über religiöse oder rechtliche Probleme konnte tagelang hin und her gewälzt werden, bis eine Antwort gefunden wurde, die alle Seiten zufriedenstellte. In unserem kleinen Dialog nun ist es genau umgekehrt, hier kommt die Antwort vor der Frage, und die Frage bleibt ungewiss. Damit stellt der Schüler eine Situation dar, die noch heute jede religiöse Botschaft aufwirft: Antworten haben wir genug, aber wo sind die Fragen?

Auch der christliche Glaube enthält eine Fülle von Antworten; und in ihren Predigten stellen Pfarrerinnen und Pfarrer diese Antworten dar. Wenn ihnen dazu die Fragesteller fehlen, formulieren sie oft die Fragen einfach selbst und wundern sich dann, dass kaum jemand kommt, um diesem selbstgenügsamen Frage- und Antwortspiel zu lauschen. Dabei wird unsere Gesellschaft gerade umgetrieben von Fragen, die dabei unbeantwortet bleiben.

Notwendig wäre es einerseits, dass die religiösen Funktionäre einmal schweigen und schlichtweg zuhören, was für Fragen im Raum stehen. Andererseits wäre es hilfreich, die Fragen an den christlichen Glauben nicht nur im stillen Kämmerlein zu bewegen, sondern sie denen vorzulegen, die sich ihrer Antworten so gewiss sind. Entscheidend ist es dabei, nicht lockerzulassen, bis die Fassade der vorgefertigten Antworten zerbröselt und der glaubende und zweifelnde Mensch dahinter zum Vorschein kommt.

Allerdings ist es möglich, dass der solcherart Befragte sich wandelt und dass aus einem Antwortenden ebenfalls ein Fragesteller wird. Dann sind es immerhin schon zwei, die sich auf den Weg machen, die richtigen Fragen zu stellen; und diese Gemeinschaft der Fragenden ist vielleicht hilfreicher als jede Antwort.

5 Ein unvollkommener Mensch

»Durch Gottes Gnade bin ich, was ich bin.«

1. KORINTHER 15,10a

Christen sind vollkommen. Beinahe jedenfalls. Denn es gibt gute Menschen, es gibt bessere Menschen und es gibt Christen. Das sind doch die Menschen, die moralisch am höchsten stehen, Menschen ohne Fehl und Tadel. Sonst wären es ja keine Christen. Das bilden viele Christen sich zumindest ein.

Diese Meinung begegnet mir immer wieder bei Gesprächspartnern, die der Kirche eher fernstehen. Und dann erzählen sie, was sie einmal erlebt haben mit jemandem, der sich Christ nennt und jeden Sonntag in die Kirche rennt; die Christen rennen ja immer in die Kirche nach der Meinung der Nichtkirchgänger. Dass die Christen meistens ganz manierlich zur Kirche gehen und manchmal sogar schreiten, scheint weithin unbekannt zu sein.

Und siehe da: Der angeblich so vollkommene Christ kocht auch nur mit Wasser und verstrickt sich genauso in den Fallen des Alltagslebens wie die bösen, guten und besseren Menschen in seiner Umgebung. Dann hat man sie also bei ihrer Unvollkommenheit ertappt, diese Christen. Sie sind auch nicht besser als andere. Viel schlimmer: Indem sie sich Christen nennen, sind sie auch noch eingebildet und hochmütig.

In Wirklichkeit jedoch stehen die Dinge anders. Sicher sind viele Christen bestrebt, so viel Gutes zu tun, wie nur eben möglich ist. Das gehört zu ihren Überzeugungen, die sie übernommen haben, als sie Christen wurden. Aber durchaus nicht jeder, der viel Gutes tut, ist darum auch ein Christ. Mahatma Gandhi zum Beispiel gehörte zu den ganz großen Vorbildern der Menschheit. Er war kein Christ. Aber vielleicht beinahe vollkommen. Und dann gibt es noch die vielen Menschen in der Nachbarschaft, die ohne viel Aufhebens einfach das tun, was sie als ihre Pflicht erkennen, auch wenn sie sich nicht als Christen verstehen. Sie sind der Vollkommenheit mindestens ebenso nahe wie jemand, der an Jesus Christus glaubt. Christen haben sich also nicht für vollkommener zu halten als andere Leute, sondern für ganz normale Menschen, die sich mühen und die scheitern, denen etwas gelingt und denen vieles misslingt.

Der Unterschied ist: In allem erkennen Christen die Gnade Gottes, und die ist das Entscheidende. Nicht das Gute, das sie tun, macht sie zu Christen, sondern der Glaube an Gott, der an ihnen Gutes tut, bevor sie selbst Gutes tun können. Er ist der Vollkommene, der sich aus Gnade uns Unvollkommenen zugewandt hat. Das ist der Grund christlichen Glaubens und Handelns. Es bleibt dabei unvollkommen, muss und darf es auch bleiben – Gott sei Dank! Der Stuttgarter Theologe Gottfried Küenzlen hat einmal geschrieben: »Der Mensch ist das Wesen, das zum Gelingen seines Lebens der Gnade bedarf und dessen größte Vollkommenheit seine Unvollkommenheit ist: nämlich Gottes zu bedürfen.«

Ich strebe keine andere Vollkommenheit an als diese: dass ich als unvollkommener Mensch der vollkommenen Gnade Gottes bedarf.

6 Lust und Liebe

»Die Rundung deiner Hüfte
ist wie ein Halsgeschmeide.«

HOHESLIED 7,2b

Christen sind Lustverweigerer. Die moralischen Grund-
sätze lassen es nicht zu, dass Christen Spaß am Leben
haben. Wie bei so vielen Vorurteilen ist auch bei diesem
durchaus etwas dran. Es gibt sie ohne Zweifel, die Christ-
en, die mit sauertöpfischer Miene durch die Welt laufen
und für ihre Lust und Schönheit nur ein verachtungsvol-
les Schulterzucken übrighaben. Die Frage ist nur, ob das
zum Christsein notwendig dazugehört oder ob es sich dabei
um ein Missverständnis handelt. Die Bibel jedenfalls, jenes Buch, auf das sich die Christen beziehen, kennt beides:
Skepsis gegenüber der Lust und die Feier der Lust.

Letzterem ist sogar ein ganzes biblisches Buch gewid-
met, das sogenannte Hohelied. Es enthält eine Sammlung von Liebesliedern. Liebe und Lust sind bekanntlich
untrennbar miteinander verbunden; und so birst manche
Stelle des Buches geradezu vor Lust. Ich habe vor einigen
Jahren eine öffentliche Lesung aus der Bibel organisiert. Sie
fand in einer Bank statt; und ich bat eine Schauspielerin
und einen Schauspieler um die Rezitation. Natürlich wähl-
te ich auch Texte aus dem Hohelied aus. Die beiden Profis
rezitierten die lustbetonten Texte mit wahrer Wonne. Während der Hauptprobe betrat mein Partner von der Bank den
Raum. Ihm blieb der Mund offen stehen. Dann wandte er

sich zu mir und sagte: »Ich dachte, es sollte eine Lesung aus der *Bibel* werden!« Es bereitete mir ein köstliches Vergnügen, sagen zu können: »Aber guter Mann, das sind doch Texte aus der Bibel!«

Wer also glaubt, der christliche Glaube und die Lust schlössen sich gegenseitig aus, hat zumindest die Bibel gegen sich. Auch Jesus Christus war durchaus kein weltabgewandter Eremit. Er wusste eine gute Mahlzeit und einen guten Wein so sehr zu schätzen, dass man ihn einen Fresser und Weinsäufer hatte nennen können. Von Lustfeindlichkeit kann also keine Rede sein.

Aber die Bibel und mit ihr der christliche Glaube kennt genauso das andere Extrem: die Verfallenheit an die Lust. Wenn die Lust zum Zentrum des Lebens wird und keinen Raum für andere Gefühle und Gedanken lässt, dann setzt die Kritik ein. Weder Don Juan noch Casanova finden den Beifall der Bibel. Ihre jeweilige Haltung wird als das erkannt, was sie ist: als frauenverachtender und lebensfeindlicher Versuch, sich selbst und die eigene Lust zu feiern. Dabei verfehlen sie sich selbst. Die Bibel nennt das Sünde. Und damit hat sie ohne Zweifel recht.

Der christliche Glaube erstrebt das Ganze eines gelingenden Lebens. Dass Lust und Liebe dazugehören, ist nicht zu bestreiten. Das Zentrum des christlichen Glaubens freilich ist die menschliche Lust nicht. Das Zentrum ist die Liebe Gottes zu den Menschen, die Lust des Allerhöchsten, sich uns liebevoll zuzuwenden. Aus dieser Liebe heraus kann man Maß und Grenze der Lust finden und empfinden.

7 Sonnenschein

>»Meine Seele ist übervoll an Leiden.«
>
> PSALM 88,4a

Christen sind immer fröhlich. Wenn wir uns mit Verwandten trafen, sangen wir oft ein entsprechendes Lied. Der Kehrvers lautete: »Immer fröhlich, immer fröhlich, alle Tage Sonnenschein!« Wenn die Sonne mal nicht schien, war es uns Kindern wichtig, den Kehrvers folgendermaßen abzuwandeln: »Immer fröhlich, immer fröhlich, wenn auch gar kein Sonnenschein!« Davon übrig geblieben ist bei manchen erwachsenen Christen ein schlechtes Gewissen, wenn sie nicht fröhlich sind, und das berühmte Zitat Friedrich Nietzsches: »Die Christen müssten mir erlöster aussehen. Bessere Lieder müssten sie mir singen, wenn ich an ihren Erlöser glauben sollte.«

Darin, dass die Christen erlöster, also fröhlicher, aussehen müssten, liegt ein wahrer Kern. Immerhin haben Christen die Überzeugung, dass sie von Gott geliebt und auf ewig angenommen sind. Da erscheint es mir höchst unpassend, mit verbissener Miene durch die Welt zu laufen und damit die Freundlichkeit Gottes zu verleugnen. Aber andererseits kennen natürlich auch die Christen die Abgründe des Lebens. Würden sie dann noch zwanghaft ihre Mundwinkel nach oben ziehen, wäre das pure Heuchelei, und die fände mit Sicherheit auch keinen Beifall bei Friedrich Nietzsche. Heuchelei gehört sicher nicht zu den Aufgaben, denen sich ein Christ unterzieht.

Im Gegenteil, christlicher Glaube hat mit Authentizität zu tun, mit Ehrlichkeit gegenüber Gott, gegenüber sich selbst und gegenüber den Mitmenschen. Erst in dieser Ehrlichkeit erschließt es sich, dass wir tatsächlich Erlöste sind – nicht etwa aufgrund unseres erlösten Aussehens, sondern durch Kreuz und Auferstehung Jesu Christi. Mit der Kreuzigung Jesu im Zentrum des christlichen Glaubens ist dann auch gewährleistet, dass Leiden, Schmerz und Tod und die Trauer darüber dem christlichen Glauben keineswegs fremd sind.

Das Leiden Jesu zeigt vielmehr, dass Gott mit unserem menschlichen Leid tief verbunden ist. Das ist mir besonders bewusst geworden, als mir überhaupt nicht mehr nach einem erlösten Aussehen zumute war – als ich nämlich an einer schweren Depression erkrankte. Die erste Reaktion hieß: Niemand darf das wissen. Alle werden sie mir Vorwürfe machen, mich bei meinem Glauben und meinem Beruf als Pastor behaften und mir kein Wort mehr glauben. Christen müssen doch fröhlich sein. Aber ich entschloss mich dann, sehr offen mit meiner Erkrankung umzugehen. Als ich nach vielen Wochen wieder Licht am Ende des Tunnels sah, kamen einige meiner Gemeindeglieder auf mich zu und gestanden mir ihre eigene Depression ein. Ich konnte ihnen mit der Adresse meines Arztes helfen. Vorwürfe hat mir niemand gemacht. Aber ihre Freude haben sie mir mitgeteilt, als ich wieder fröhlicher sein und erlöster aussehen konnte.

8   Unterwegs im Auto

>»... die Gabe Gottes aber ist das ewige Leben.«
>
> RÖMER 6,23

Ich war unterwegs mit einem Musiker, mit dem zusammen ich literarisch-musikalische Programme gestaltete. Er hatte keinen direkten Bezug zum christlichen Glauben. Aber auf unseren Fahrten unterhielt er sich gern mit mir darüber; und das war keine geringe Herausforderung für mich. Es galt, die christlichen Glaubensinhalte so zu formulieren, dass sie für jemanden verständlich waren, der in dieser Welt nicht zu Hause war.

Einmal fragte er mich: »Christen haben wohl keine Angst, wie? Vor allem keine Angst vor dem Tod, oder?« Ich musste schlucken. Ich fühlte mich kalt erwischt. Ich hatte Angst vor dem Tod, aber das so einfach zugeben? Ich sagte: »Ja, ich kenne Christen, die behaupten, keine Angst zu haben, auch keine Angst vor dem Tod.« Er war mit der Antwort nicht zufrieden. »Und du? Hast du keine Angst?« Nun war also doch mein Bekenntnis gefragt. Ich versuchte es zunächst mit der Biologie. Angst ist eine biologische Notwendigkeit. Ohne Angst könnte das Individuum nicht überleben. Wer keine Angst vor wilden Tieren hat, wird bald von ihnen aufgefressen. Wer keine Angst vor dem Unbekannten hat, wird sich bald ins Unbekannte verrennen. Und der Tod, das ist nun mal das Unbekannte schlechthin. Also haben wir Angst vor dem Tod. Ganz unabhängig davon, was wir glauben.

Das ist soweit auch alles richtig. Aber ich spürte selbst, dass diese Antwort meinen Partner nicht befriedigte. Was ist denn dran am christlichen Glauben, wenn er auf so vordringliche Fragen wie die nach der Angst keine eigene Antwort hat, sondern nur auf die Ergebnisse einer religiös neutralen Wissenschaft verweisen kann? Es fiel mir ein, was Jesus im Evangelium nach Johannes seinen Jüngern sagte – ein wahrhaft befreiendes Wort: »In der Welt habt ihr Angst, aber seid getrost, ich habe die Welt überwunden« (Johannes 16,33b).

Es wird den Christen also gar nicht zugemutet, angstfrei zu leben; und es wird ihnen schon gar nicht abverlangt, ihre Angst zu leugnen. Jesus selbst war aufs Äußerste gestresst, als ihm klar wurde, dass ihn der Tod am Kreuz erwartete. Aber die Bibel belässt es nicht bei der Feststellung, dass Jesus und seine Nachfolger Angst haben. Jesus selbst spricht davon, dass er überwunden hat, was uns in der Welt Angst macht; und das ist vor allem der Tod. Seine Überwindung der Welt sieht so aus, dass er seinen Jüngern nach seinem Tod als der Auferstandene erschien. Das ist das Urdatum des christlichen Glaubens; das begründet den Trost, den Christen in ihrer Angst suchen. Niemand braucht seine Angst zu leugnen. Aber niemand muss sich fortan von ihr beherrschen lassen.

Die Welt des Todes, die uns Angst macht, ist eine durch Christus überwundene Welt. Ob mein Gesprächspartner damit zufrieden war? Wir hatten unser Ziel erreicht, das Gespräch war zu Ende.

9   Privatsache

**»Man muss Gott mehr gehorchen
als den Menschen.«**
APOSTELGESCHICHTE 5,29

Warum muss sich die Kirche in alles einmischen, was
sie doch gar nichts angeht? Religion ist Privatsache!
So hört man immer wieder, besonders dann, wenn christliche Funktionsträger sich mit unpopulären Meinungen zu
politischen Entscheidungen und Entwicklungen äußern.
Gemeint ist damit, die Christen sollten lieber unter sich
bleiben und in der Öffentlichkeit den Mund halten. Ihre
religiöse Überzeugung sei zwar bestenfalls in Ehren zu
halten, habe aber in der politischen Diskussion nichts zu
suchen.

Nun ist es allerdings richtig, dass die Meinung, Religion sei Privatsache, für Christen und Angehörige aller
anderen Religionen etwas Befreiendes hat. Dass Religion
Privatsache ist, ist eine der Grundlagen für die Religionsfreiheit, die in unseren westlichen Demokratien herrscht.
Sie ermöglicht die Existenz von Kirchen verschiedener
Konfessionen, von Synagogen, Moscheen und anderen
heiligen Stätten nebeneinander an jedem beliebigen Ort.
Niemand kann uns vorschreiben, was wir glauben sollen;
und wenn uns unsere eigene Glaubensgemeinschaft nicht
mehr gefällt, steht es uns frei, sie zu verlassen, uns eine andere zu suchen oder auch in Zukunft ohne Gemeinschaft
zu leben.

So war es durchaus nicht immer; schon geringe Abweichungen von den offiziellen religiösen Vorstellungen konnten zu Verfolgung, Folter und Feuertod führen. Friedrich der Große hat hier Vorbildliches geleistet, indem er verfügte, in seinem Land könne jeder nach eigener Façon selig werden. Mit Façon ist hier Konfession gemeint. Das hat sehr dazu beigetragen, dass in unserem Kulturkreis Gewissensfreiheit und Laizismus herrschen. Staat und Religion sind getrennt; und der Staat hat sich in die Entscheidungen der Religionsgemeinschaft nicht einzumischen, solange seine Verfassung nicht berührt wird.

Man sollte erwarten dürfen, dass sich im Gegenzug die religiösen Führer nicht in staatliche Belange einmischen. Dies aber widerspricht dem öffentlichen Charakter des christlichen Glaubens. Es geht in ihm nicht nur um das Heil der Seele, sondern ebenso um Recht und Gerechtigkeit und darum, dass alle Menschen denselben Wert und dasselbe Lebensrecht haben. Wo Menschen unterdrückt, ausgebeutet, misshandelt und verfolgt werden, haben Christen ihre an Jesus Christus geschulte Stimme zu erheben und nach Recht und Gerechtigkeit zu schreien. Sie würden sonst nicht nur ihren Glauben verraten, sondern auch ihre Gesellschaft, die von ihrem Protest nur profitieren kann. Beispiele dafür gibt es nicht nur in der deutschen Geschichte.

Religion ist Privatsache, gewiss. Aber der privat Gläubige muss öffentlich seine Stimme erheben, wenn die Rechte von Menschen, wenn Freiheit und Gerechtigkeit mit Füßen getreten werden.

10   Selfies

»Gott schuf den Menschen zu seinem Bilde.«

1. MOSE 1,27a

Als eifriger Nutzer moderner Nachrichtentechnik bin ich mit Facebook bestens vertraut. Dort entdecke ich immer wieder Fotos von Bekannten. Aber sie gefallen mir oft überhaupt nicht. Sie sind merkwürdig verzerrt. Ich kenne diese Art der Verzerrung; sie tauchte bei Porträtfotos auf, die ich selbst von meinen Freunden gemacht habe, und zwar immer dann, wenn ich ihnen mit der Kamera zu nahe auf die Pelle gerückt war. Das führt unweigerlich zu solchen unschönen Verzerrungen. Wie aber kommen solche missratenen Fotos ins Internet?

Des Rätsels Lösung: Es handelt sich um sogenannte Selfies, also Bilder, die der Dargestellte mit seinem Smartphone von sich selbst gemacht hat. Er hat sich das Gerät mit ausgestrecktem Arm vor die Nase gehalten und abgedrückt. Leider war der Arm nicht lang genug; dafür erscheint die Nase länger, als sie in Wirklichkeit ist. Das alles ist ja schön und gut; doch wie man sein derart entstellendes Selbstporträt ins Internet stellen kann, wird mir auf immer ein Rätsel bleiben.

Doch nun ist Abhilfe geschaffen worden: die Selfie-Stange. Das ist sozusagen eine Armverlängerung. Man kann sich damit verzerrungsarm fotografieren. Das Schönste aber ist: Der Hintergrund kommt mit ins Bild – der Kölner Dom, die Elbphilharmonie, das Stadion »auf Schalke«

und so weiter. So rückt das kleine Ich in die Mitte der sichtbaren Welt und plustert sich gewaltig auf. Wichtig ist nicht der Tempel, wichtig ist, dass ich dort war, es beweisen und der erstaunten Facebook-Community mitteilen kann. Die Dinge werden ihres eigenen Wertes beraubt und nur noch in Beziehung zu dem geliebten Selbst wahrgenommen. Das Ich als Mittelpunkt der Welt – wie schnell artet das in einen Akt der Selbstvergötzung aus. Dem, der sich selbst vergöttert, fällt die zu lange Nase, die zu aufgeplusterte Wangenpartie, die ganze Hässlichkeit einer falschen Perspektive gar nicht mehr auf. Er sieht es einfach nicht, weil es an dem wertvollen Image kratzen würde.

Aber das Internet ist hier unbestechlich. Es verschönt das Hässliche nicht, sondern konserviert es für sehr lange Zeit. Die Schönheit hingegen, besonders die eigene, kann man nur in einigem Abstand erkennen.

11 Kino

»Wohl dem, dem die Übertretungen
vergeben sind.«

PSALM 32,1a

Würde Gott ins Kino gehen? Und würde er Filme mögen? Mark Wahlberg (*1971) ist davon nicht unbedingt überzeugt, aber, so bekannte er dem Zeit-Redakteur Moritz von Uslar, er hofft, dass Gott ein Filmfan ist. Mark Wahlberg ist ein angesagter Schauspieler und Fernsehproduzent in den USA.

Seine Karriere verlief ungewöhnlich. Er ist der jüngste von neun Geschwistern. Dies und die schlechte Wohngegend in Boston hätten an sich schon dafür sorgen können, dass Mark Wahlberg das Abenteuer der Schwangerschaft nicht überstanden hätten, sondern abgetrieben worden wäre. Es war auch mehr als wahrscheinlich, dass Mark Wahlberg auf die schiefe Bahn geriet. Erschwerend kam eine Scheidung seiner Eltern hinzu, als er elf Jahre alt war, dazu eine Mutter, die sich um alles kümmerte, nur nicht um ihre Kinder. Verarmung und Verwahrlosung grassierten in jeder Hinsicht. Der Junge streunte herum, nahm Drogen, verwickelte sich in kleinkriminelle Handlungen. Bei einem Raubüberfall auf zwei Vietnamesen – einer vor ihnen büßte dabei ein Auge ein – wurde er verhaftet und zu zwei Jahren Gefängnis verurteilt. Er saß aber nur fünfundvierzig Tage darin ab. Später erbarmte sich sein älterer Bruder Donnie über ihn und verschaffte ihm einen Plattenvertrag. Er gründete die Teeny-Band »Marky Mark and the Funky Bunch« und wurde damit in Windeseile weltberühmt. Sein Song »Good Vibrations« war international in den Charts.

Doch war diese Karriere bald zu Ende, die Vergangenheit holte ihn ein und ließ ihn in der Gunst seiner ehemaligen Fans tief fallen. In dieser Zeit begann die Wende im Leben des immer noch sehr jungen Mannes. Er wandte sich dem christlichen Glauben zu.

Mark Wahlberg ließ die Drogenkarriere hinter sich und begann ein neues Leben. Er strebte ein neues Berufsfeld an und startete eine neue Karriere – die Filmkarriere.

Es ist ein Ergebnis seiner Hinwendung zu Jesus Christus, dass er mit seiner unrühmlichen Vergangenheit brechen konnte. Mark Wahlberg lieferte in seinem Interview auch gleich das Schlüsselwort. Als ihn der Reporter fragte, welche Worte Jesu ihm am meisten bedeuten, antwortete er: »Euch ist vergeben!«

Ob Gott Kino mag? Diese Frage lässt sich nicht beantworten. Wesentlich ist vielmehr, dass Gott Mark Wahlberg mag, und zwar nicht erst seit seiner Hinwendung zum christlichen Glauben. Gott vergibt Schuld, damit ermöglicht er erst den neuen Anfang. Und das nicht nur, wenn man Mark Wahlberg, sondern »nur« Kevin Müller heißt oder sonst mit einem ganz gewöhnlichen Namen gerufen wird.

12 Geistliches Training

>»Dem aber, der euch stärken kann ...,
sei Ehre durch Jesus Christus.«
RÖMER 16,25.27

Wie muss Kirche sein, damit die Menschen sie Sonntag für Sonntag für Sonntag aufsuchen und den Gottesdiensten lauschen? Diese Frage ist durchaus nicht neu; immer schon haben sich Pfarrer und Laien darüber Gedanken gemacht, wie sie die Kirche vollkriegen. Ein früher Zeuge dafür ist kein Geringerer als Johann Wolfgang von Goethe.

Im ersten Akt des Schauspiels »Faust« sinniert dieser zitatenwürdig über Gott und die Welt, und zwar in laut vernehmlichem Selbstgespräch. Da stört ihn sein Schüler Wagner. Dieser entschuldigt sich mit den Worten: »Verzeiht, ich hört Euch deklamieren, Ihr last gewiss ein griechisch Trauerspiel? In dieser Kunst möcht ich was profitieren; denn heut zu Tage wirkt das viel. Ich hab des öfters rühmen hören, ein Komödiant könnt' einen Pfarrer lehren.« Faust gibt ihm recht, allerdings mit deutlich sarkastischem Unterton: »Ja, wenn der Pfarrer ein Komödiant ist, wie das denn wohl zu Zeiten kommen mag.«

Man geht sicher nicht fehl in der Annahme, dass Goethe hier eine Art Pfarrer kritisiert, die den Gottesdienst eher als fromme Inszenierung mit den Mitteln der Dramaturgie versteht denn als Dienst gegenüber Gott und den Mitmenschen. Ebenso aber kann man diese Worte als kleine Bosheit lesen gegen Leute, die von kirchlichen Veranstaltungen nichts anderes erwarten als vom Theaterbesuch. Denn wo der Pfarrer ein Komödiant sein muss, um seine Kirche zu füllen, reagiert er auf ein Publikum, das auf andere Weise nur schwerlich in die kirchlichen Räume zu bringen ist. Dann muss es halt leicht verdauliche Musik geben, dann muss es halt kleine amüsante Theaterstücke genannt Anspiele geben, dann muss die Predigt eben leicht und locker sein und vor allem – kurz!

Das alles ist ja auch schön und gut; doch erwarte ich auf Dauer mehr von der Kirche; und je mehr ich erwarte, desto mehr erhalte ich. Jenseits von guter Unterhaltung hoffe ich, dass meine tiefen und manchmal anstrengenden Fragen nach dem Leben und dem Leiden, nach Tod und Sterben vorkommen, meine Sehnsucht, den Sinn des Ganzen wenigstens zu erahnen. Ich erwarte, Impulse und Anregungen für meinen Glauben an Gott zu erhalten. Ich erwarte, dass ich trainiert werde, meinen Glauben zu leben und ihn im Alltag zu vertreten.

Wenn dies der Fall sein sollte, darf der Pfarrer durchaus komödiantisch begabt sein, wenn nur die Hauptsache bleibt: dass ich gestärkt werde in den drei christlichen Haupttugenden – im Glauben, in der Liebe und in der Hoffnung.

13 Der Augenblick

»Jetzt ist die Zeit der Gnade.«

2. KORINTHER 6,2b

Dieser Zeiger«, erklärte der Vater seinem Sohn, »zeigt die Stunden, und dieser, der große hier, zeigt die Minuten, und der ganz kleine in dem kleinen Kreis die Sekunden.« – »Schön«, entgegnete der Kleine, »und wo sind die Augenblicke?«

Ich las diesen kleinen Dialog in einem Witzebuch; offenbar kursiert er als Lacherfolg. Sehr zu Unrecht, denn er zeigt eine tiefere Weisheit, als sie Witzen gemeinhin zu eigen ist. Denn das Leben nach der Uhr haben wir in der Regel sehr gut verinnerlicht. Wir stehen nach dem Diktat des Weckers auf. Wir hetzen uns ab, um den richtigen Bus zu erreichen und rechtzeitig zur Arbeit zu kommen. Die Betriebsuhr taktet unsere Arbeitszeit auf die Sekunde genau. Sogar noch die kleinen Pausen, derer wir nun mal aufgrund unserer biologischen Tatsachen bedürfen, werden registriert und ausgewertet.

Und wenn die Fron des Broterwerbs beendet ist, bestimmen andere Uhrzeiten unser Tun. Es gibt Menschen, die nicht nach acht Uhr abends angerufen werden wollen, weil sie das bei der Tagesschau stört. So geht es weiter; Stunde um Stunde ist von der Uhr diktiert. Durch so viel Zeitmanagement läuft man allerdings Gefahr, dass man die Augenblicke verpasst.

Der Augenblick unterscheidet sich wesentlich von der Sekunde. Sekunden kann man zählen, Augenblicke nicht. Sie bringen das Unerwartete, die Überraschung, das Staunenswerte. Kleine Dinge manchmal nur: Ein Luftzug bringt einen Geruch mit sich, der uns plötzlich an die Kindheit erinnert. Irgendein Klang dringt an unser Ohr, vielleicht von einem Straßenmusikanten oder aus einem offenen Fenster, und die Welt wird für einen Augenblick verzaubert, und wir merken: Da ist noch etwas außerhalb des Alltäglichen. Wir hören ein paar junge Leute um uns herum in der Straßenbahn belangloses Zeug schnattern, aber da fällt ein Reizwort, und uns überfällt eine Erinnerung, oder ein Entschluss reift, der schon lange in uns geschlummert hat.

Solche Augenblicke kommen unverhofft, man kann sie nicht planen. Das Leben wird arm, wenn es diese Augenblicke verpasst, die uns für Sekunden vielleicht nur über den Alltag hinausheben. Sie sind es, für die wir uns abrackern und schuften, sie sind der Lohn unserer Arbeit und Mühe. Die Seele wird weit, Luft wie von einem anderen Planeten rührt sie an. Ja, es lohnt sich zu leben, gerade in diesem Augenblick, gerade für diesen Augenblick.

Andreas Gryphius hat dies in großartige Verse gebracht: »Mein sind die Jahre nicht, die mir die Zeit genommen. Mein sind die Jahre nicht, die etwa mögen kommen. Der Augenblick ist mein, und halt ich den in Acht, so ist der mein, der Jahr' und Augenblick' gemacht.«

14 Die Brücke am Irwell

»... Stiefel, der mit Gedröhn dahergeht.«
JESAJA 9,4a

Brücken sind dazu da, dass Menschen zueinanderkommen. Für ein gedeihliches Miteinander sind Brücken unverzichtbar; sie sind so gesehen unerlässlich für den Frieden eines Landes. Doch auch das Militär nutzt sie, wenn die Soldaten von einem Ufer zum andern wollen, sei es zu friedlichen, sei es zu kriegerischen Zwecken. Die Zerstörung von Brücken gehört deshalb zu den bevorzugten Aktionen, die ein Land unternehmen kann, wenn es sich vor einem Feind schützen muss. Manchmal sind es aber auch die Soldaten selbst, die die Brücken hinter sich abreißen. Es gibt sogar einen Fall, in dem das unfreiwillig geschah.

Die *Broughton Suspension Bridge* war eine vierundvierzig Meter lange Kettenbrücke über den Fluss Irwell zwischen den Orten Broughton und Pendleton, heute City of Salford, Greater Manchester in England. Am 12. April 1831 stürzte sie ein. Drei Gruppen von Soldaten wollten in ihre Kaserne zurückkehren und mussten dazu diese Brücke passieren. Zwei Gruppen hatten das schon problemlos geschafft. Bei der dritten Gruppe geschah es. Ungefähr siebzig Männer betraten die Brücke; und obwohl sie ungeordnet marschierten, begann sie unter ihren schweren Tritten hin- und herzuschwingen. Einer begann, einen Marsch zu pfeifen, andere pfiffen mit. Die Soldaten passten ihren Tritt dem Lied an und verfielen übermütig in den Gleichschritt. Der siebzigfach verstärkte Takt übertrug sich auf die Brücke und sie schwang im gleichen Rhythmus mit, sehr zum Vergnügen der jungen Männer. Das aber hielt die Brücke nicht aus. Einer der Brückenmasten stürzte auf die Fahrbahn und sie fiel ungefähr fünf Meter tief in den Fluss, mit ihr die Soldaten, die sich darauf befanden. Es war ein Glück, dass niemand zu Tode kam. Allerdings wurden zwanzig Soldaten verletzt, sechs von ihnen schwer. Die technische Ursache für das Unglück war bald geklärt; die tragende Kette war zu schwach befestigt worden. Doch auch die militärische Seite des Geschehens wurde bedacht: Seit diesem Unfall dürfen in England die Soldaten nicht mehr im Gleichschritt über eine Brücke marschieren.

Es ist zu wünschen, dass der Gleichschritt der Soldaten generell aus dieser Welt verschwindet, denn er zerstört immer Brücken. Auch dann, wenn die Bauwerke ihm durchaus standhalten, zerbrechen zwischenmenschliche Brücken, wenn der soldatische Gleichschritt erklingt. Nicht nur Straßen und Häuser zittern unter den dröhnenden Tritten, auch die Menschen zittern.

Deshalb ist es eine schöne prophetische Vision, wenn der biblische Jesaja sagt: »Jeder Stiefel, der mit Gedröhn dahergeht, … wird verbrannt und vom Feuer verzehrt« (Jesaja 9,4). So ist die Zerstörung der Brücke in Broughton ein Symbol für die Hoffnung, dass dem Militär die Brücken zerbrechen, damit die Brücken zwischen Mensch und Mitmensch heil werden und heil bleiben können.

15   Das Callgirl

»Wer in der Liebe bleibt, der bleibt in Gott.«

1. JOHANNES 4,16b

Unter den vielen Opern Guiseppe Verdis ragt eine besonders hervor, weil sich in ihr eine zentrale christliche Lehre dargestellt findet. Es ist die Oper, deren Gegenstand zunächst am weitesten vom christlichen Glauben entfernt zu sein scheint: »La Traviata«, zu Deutsch: »Das Callgirl«. Es geht in ihr um eine Edelprostituierte.

Die christliche Ethik lehnt die Dienste einer solchen Dame rigoros ab; das fällt unter das Gebot: »Du sollst nicht ehebrechen.« In der Oper gesteht ein junger Mann der Prostituierten dennoch seine Liebe, die sie aber zunächst abweist. Sie könne nicht lieben, lautet ihre Begründung; sie kenne nur den Genuss. Doch offenbar wandelt sich ihr Gefühl; im nächsten Akt finden wir die beiden in trauter Liebe in einer gemeinsamen Wohnung vereint.

Der Vater des jungen Mannes aber kann diese Beziehung aus gesellschaftlichen Gründen nicht akzeptieren; und er bewegt die Herzensdame seines Sohnes, ihre Liebe dem gesellschaftlichen Ansehen ihres Liebhabers zu opfern. Was weder Vater noch Sohn wissen: Die Frau ist unheilbar an Tuberkulose erkrankt. Der Liebhaber ist über das vermeintliche Ende ihrer Liebe untröstlich und sucht nach seiner verschwundenen Geliebten. Er findet sie auf einem Fest, auf dem es zwischen den beiden zum Showdown kommt. Das Band zwischen den beiden ist zerschnitten.

Als sich die Gesundheit der jungen Frau rapide verschlechtert, enthüllt der Vater endlich seinem Sohn, zu welchem Opfer er seine Geliebte bewegen konnte. Dieser kehrt reumütig zu ihr zurück, sie gestehen einander erneut ihre tiefe Liebe, der Vater – nun völlig anderen Sinnes geworden – segnet die Verbindung, Hoffnung keimt auf.

Nach einem letzten Aufbäumen ihrer Lebenskraft stirbt sie, in der Gewissheit, lieben zu können und geliebt zu werden. Das aber ist das Christliche an dieser Oper, dass die Liebe am Ende siegt. Sie siegt über alle Konventionen hinweg; gesellschaftliche Hindernisse vermögen sie nur vorübergehend zu trüben, und sogar noch im Tod triumphiert sie – wenn schon nicht in der Handlung der Oper, dann jedoch umso sinnenfälliger in der Musik Verdis. Darin spiegelt sich die tiefe christliche Überzeugung, dass die Liebe stark ist wie der Tod, ja, dass sie den Tod zu überwinden vermag. In der Oper ist es die Liebe zwischen Mann und Frau und die zwischen Vater und Sohn. Beide werden auch in der Bibel in höchstmöglichen Tönen gepriesen.

Sie sind ein Abbild einer noch größeren Liebe, nämlich der Liebe Gottes zu den Menschen, zu jedem einzelnen, der über diese Erde geht. Diese Liebe hört nicht mehr auf und umfängt Zeit und Ewigkeit.

16   Hier irrt Goethe

»Gott ist größer als unser Herz.«
NACH 1. JOHANNES 3,20

H ier irrt Goethe.« Sehr zum Verdruss vieler Goethe-Ver-
ehrer brachte Hanns Braun 1937 ein Büchlein mit diesem Titel heraus (Heimeran, München, 1937). Dass Goethe sich irren soll, das ist für viele seiner Anhänger eine
Provokation. Den anderen könnte es eigentlich gleichgültig
sein, ob Goethe sich irrt oder nicht. Wenn da nicht ein Go-
ethezitat wäre, das vielen Menschen im Unterbewusstsein
steckt und ihr Handeln und Denken mitbestimmt. Ich meine den berühmten Spruch gegen Ende des Dramas »Faust«
im zweiten Teil: »Wer immer strebend sich bemüht, den
können wir erlösen.«

Auf seinem Weg zu Erkenntnis und Erleuchtung hat
Faust keinen Irrtum und keine Grausamkeit ausgelassen; ja,
er verschrieb sich sogar dem Teufel in Gestalt des Mephis-
topheles. Doch nun, da er tot ist und seine Seele in himmlische Sphären entschwebt, singen Engel einander diesen
Spruch zu.

Streben nach Weisheit und rastlose Suche nach Erkenntnis, das sind offenbar die Garantien zur Erlösung.
Jedenfalls bei Goethe. Und in seinem Gefolge bei vielen
gutmeinenden Menschen. Wie viele Menschen haben sich
nicht aufgrund dieser Anschauung bemüht, edel und hilfreich zu sein, gute Menschen zu werden.

Und wie viele Menschen sind daran verzweifelt und seelisch zugrunde gegangen, weil sie merkten: Es geht nicht! Der Mensch ist eben nicht nur edel, hilfreich und gut. Wir sind immer auch unvollkommen, fehlbar, verführbar. Wir begehen Fehler, laden Schuld auf uns. Wir weichen ab vom Pfad der Tugend – in Gedanken, Worten und Werken. Manchmal geschieht es, ohne dass wir es eigentlich wollen. Manchmal tun wir es ganz bewusst. Und dann? Oft kommt ein trostloses Ende, sozusagen der moralische Kater; und das Gefühl macht sich breit: Dann habe ich vergeblich gelebt.

Gerade in dieser Trostlosigkeit muss jedoch festgestellt werden: Gott sei Dank, hier irrt Goethe. Jesus Christus hat bis hin zum Tod am Kreuz verkündigt und vorgelebt: Gott wartet nicht auf das vorbildliche Leben, die tiefgreifende Erkenntnis, das entsagungsvolle Bemühen des Menschen, um ihn zur Ewigkeit zu führen. Dort, wo wir zwiespältig, verführt, gottlos und böse sind, wendet sich Gott uns zu und führt uns in die Lebendigkeit eines erfüllten Daseins. Am Ende steht dann nicht die Verzweiflung über ein vertanes Leben, sondern die Gewissheit: Das Ziel meines Lebens steht in Gottes Hand.

In Christus hat uns Gott seine grenzenlose und unbedingte Liebe offenbart. Sie lässt uns nicht los, auch nicht, wenn uns unser eigenes Herz verdammt. Sie hält uns, wenn wir uns selbst nicht zu halten wissen.

17 Halt die Klappe!

»... allein durch den Glauben.«

RÖMER 3,28b

Der Patient im Bett nebenan war ein außerordentlich liebenswerter Zeitgenosse. Trotz seines Leidens hatte er immer eine witzige Bemerkung parat. Manchmal fiel er dem Pflegepersonal und den Mitpatienten damit auch auf die Nerven. In einem solchen Augenblick sagte ich zu ihm: »Michael, wenn du mal stirbst und in den Himmel kommst, kommt der liebe Gott gar nicht mehr zu Wort, und wenn doch, dann sagt er: ›Michael, halt die Klappe!‹«

Michael wusste natürlich, dass ich Pastor bin, und er hatte auch gleich eine Antwort bei der Hand: »Nicht einmal du weißt, ob ich überhaupt in den Himmel komme. Du weißt ja noch nicht einmal, ob du selbst hineinkommst!« Das alles war natürlich in scherzhaftem Ton vorgebracht; doch nun schien mir die Zeit des Scherzens vorbei zu sein. Ich antwortete: »Ob du hineinkommst, weiß ich freilich nicht; dass ich selbst hineinkomme, das weiß ich aber sehr wohl!« Da war Michael für ein paar Sekunden ruhiggestellt. Er rappelte sich aber wieder auf und fragte: »Woher willst du das denn wissen?« Ich antwortete: »Aus der Bibel.« – »Aha«, meinte er, »da steht das geschrieben, oder was?« Ich antwortete, nun doch sehr ernst geworden: »Genau. Da steht das geschrieben.« Er meinte dann, darauf könne man sich doch nicht verlassen; die Hälfte der Bibel sei sowieso erfunden.

Ich holte tief Luft, um eine Antwort nicht verlegen, als leider die Arztvisite unserem Gespräch ein Ende setzte. Ich hätte ihm sagen können, dass natürlich vieles in der Bibel überholt sei, aber gerade dieses nicht: dass Jesus Christus die Himmelstür weit geöffnet hat für alle Menschen, die sich ihm anvertrauen. Das Wort Himmel darf man dabei allerdings nicht kindlich missverstehen als einen Ort jenseits des blauen Azurs; Himmel ist vielmehr das Leben in der Gegenwart Gottes, das so unvergänglich ist wie Gott selbst. Vielleicht fragt mich Michael nach der entsprechenden Bibelstelle, wenn wir uns im Patientenraum wieder treffen.

Es gibt deren mehrere; vielleicht sage ich ihm diese: »Denn wenn du mit deinem Munde bekennst, dass Jesus der Herr ist, und in deinem Herzen glaubst, dass ihn Gott von den Toten auferweckt hat, so wirst du gerettet« (Römer 10,9). Ich würde natürlich erklären, was es bedeutet, gerettet zu werden; und ich würde hinzufügen, dass dies eine Sache des Glaubens sei und dass man diesen Glauben nicht *machen* könne. Doch wird er in der christlichen Gemeinde Sonntag für Sonntag angeboten. Da kann man Ja dazu sagen und sein Leben danach ausrichten.

18   Wurzellose Tulpen

»... wie ein Baum, gepflanzt an Wasserbächen.«
PSALM 1,3a

Sie gehört zu den schönsten Blumen dieser Welt, sie ist unübertroffen in ihrem Farben- und Formenreichtum: die Tulpe. Sie ist Botin des Frühlings, der Sonne und der Wärme. Es gibt kaum einen Garten, in dem sie nicht wächst, kaum eine Vase, in der sie nicht schon gestanden hätte. Immer wieder kann man dabei beobachten, dass Tulpen wachsen, wenn man sie ins Wasser stellt. In wenigen Tagen, ja, Stunden haben sie deutlich an Länge gewonnen.

Doch ist es kein wirkliches Wachstum. Es sieht nur so aus. In Wirklichkeit haben sich nur die Pflanzenzellen in den Stielen voll Wasser gesogen, sie dehnen sich aus und werden länger. Man erkennt es auch daran, dass das Grün der Stiele blasser wird. Die Substanz der Tulpen bleibt dieselbe. Sie wird nur durch das Wasser etwas gestreckt. Das ist ein Zeichen dafür, dass es mit der Blume bald zu Ende geht. Es dauert nun nicht mehr lange, und die Blütenkelche fallen buchstäblich auseinander. Der schöne Schein ist dahin; und was übrigbleibt, ist ein Fall für die Kehrschaufel. Reicher werden an Substanz, Samen, die kleinen Früchte und die Zwiebeln ausbilden – das alles kann die Blume nur, wenn sie mit der Erde verwurzelt ist und aus ihr die nötige Nahrung bezieht.

In alldem ähnelt die Tulpe dem Menschen. Auch der Mensch braucht Wurzeln, wenn er gedeihen will. Es sind oft entwurzelte Menschen, die uns so viel Kummer machen. Sie sind abgeschnitten von ihrer Herkunft, von ihrer Heimat oder von ihrer Familie.

In ihrer Haltlosigkeit versuchen sie, ein wenig Selbstsicherheit und Selbstbewusstsein zu entwickeln oder zu bewahren, und tun Dinge, für die sie sich selbst verurteilen würden, wären sie dazu in der Lage. Sie stehen kurz im Rampenlicht, sei dies das der Medien oder nur die einer Menschenansammlung; aber die Substanz wird nicht reicher, im Gegenteil: Das Ende der Selbstinszenierung ist nahe, wie bei den Tulpen, die sich vollgesogen haben mit dem Wasser. Der Absturz ist umso heftiger. Oft reißt ein Entwurzelter andere noch mit sich in den Abgrund. Gefeit davor ist niemand. Wer hier auf andere zeigt, leidet nur unter Selbstüberschätzung. Für jeden Menschen ist die Frage entscheidend: Wo finde ich meinen Wurzelboden?

Es gibt in der Bibel einen Psalm, der hier eine Antwort gibt: den Psalm 1. Dort ist von der Gemeinde der Gerechten die Rede, von Menschen, deren Wurzelgrund vergleichbar ist mit dem eines Baumes, der am fließenden Wasser gepflanzt ist. Dieser Wurzelgrund ist der Bund Gottes mit dem Volk Israel. Entsprechend habe ich meinen Wurzelboden in der Gemeinde Jesu Christi gefunden.

Dort, wo Menschen beisammen sind unter dem Kreuz Jesu Christi, dort ist mein Wurzelgrund, in dem ich mich verwurzeln, aufblühen und Frucht bringen kann.

19 An den Gräbern

»Leben wir, so leben wir dem Herrn.«

RÖMER 14,8a

Alles menschliche Leben endet in einem Grab. Und wir wissen das auch. Jeder von uns ist sich dessen mal mehr, mal weniger bewusst: Ich lebe, und indem ich lebe, sterbe ich. Beides haben wir uns nicht ausgesucht. Wir werden ins Leben gerufen und gehören von diesem Augenblick an dem Leben zu, ob wir wollen oder nicht. Genauso unentrinnbar und ungefragt sind wir dem Tod anheimgegeben, ob wir nun wollen oder nicht. So, wie der Mensch dem Leben gehört, so gehört er dem Tod. Wie kann das Leben eines Menschen angesichts des Todes mit Sinn und Freude erfüllt werden? Das ist die Urfrage aller Kulturen und Religionen. Von der Todessehnsucht und dem Lebensdurst bis hin zur Verdrängung des Todes und dem Lebensüberdruss finden sich alle nur denkbaren Versuche, eine Antwort zu finden. Aber es hilft alles nichts, die Tatsachen bleiben bestehen: So, wie wir dem Leben angehören, so gehören wir dem Tod an.

Der Apostel Paulus geht einen völlig anderen Weg. Erleuchtet von der Vision des auferstandenen Christus verkündet er der Gemeinde in Rom: Wir leben nicht für uns selbst, sondern für Christus. Wir gehören darum nicht mehr dem Leben. Wir sterben auch nicht für uns selbst, sondern für Christus, das heißt: auf Christus hin. Wir gehören darum auch nicht dem Tod. Lebend und sterbend gehören wir nur einem: dem Herrn Jesus Christus. Genau darin liegt die große Wende, die der Apostel vollzieht: Indem wir dem Herrn Jesus Christus gehören, gehören wir nicht mehr dem Leben, sondern das Leben gehört uns.

Alle Fülle, aller Reichtum, aller Glanz und alle Herrlichkeit des Lebens sind uns geschenkt, uns anheimgegeben zu unserer Freude und unserem Lobpreis Gottes. »Alles ist Euer!«, ruft der Apostel an einer anderen Stelle begeistert aus (1. Korinther 3,21.22), um dann fortzufahren: »Ihr aber seid Christi!« Ein unendliches Maß an Freude steckt hinter diesem Jubelruf des Paulus.

Indem wir dem Herrn Jesus Christus gehören, gehören wir nicht mehr dem Tod – das ist der zweite Wendepunkt des Apostels. Hinfälligkeit und Sterblichkeit können wohl das gebrechliche Vehikel unserer Lebensfreude – den Leib – stören und zerstören. Aber der Tod kann den nicht zerstören, dem wir mit Leib, Seele und Geist gehören: den Herrn Jesus Christus. Sein Herrschaftsanspruch an uns ist stärker als die Herrschaft des Todes. Er selbst hat brechenden Auges die Herrschaft des Todes gebrochen, als er am Kreuz ausrief: »Es ist vollbracht!« Wenn die Herrschaft des Todes die absolute Verneinung und Negation des Lebens, des Liebens und des Hoffens mit sich bringt, so spricht der auferstandene Christus das jauchzende Ja zum Leben, zur Liebe und zur Zuversicht im Namen Gottes.

20 Pferdestall

»... die schönen Gottesdienste des Herrn.«

PSALM 27,4b

In einer norddeutschen Kleinstadt diskutierte ein Pastor mit seinem Vorstand darüber, dass der Kirchsaal renoviert werden müsse. Ein alter Bruder erhob sich und bezog dagegen Stellung: »Was brauchen wir einen renovierten Kirchsaal! Mein Vater hat sich in einem Pferdestall bekehrt!« Darauf antwortete der Pastor: »Dann lasst uns Pferdeställe bauen, damit sich die Leute bekehren!« Das Gelächter, das daraufhin ausbrach, gab dem Pastor recht, und die Renovierung war beschlossene Sache.

Jener alte Bruder lag gewiss in einem richtig: Jeder Ort der Welt kann ein Ort Gottes sein, wenn sich die Menschen dort in seinem Namen versammeln. Auch unter den entwürdigenden Umständen einer Kriegsgefangenschaft war dies möglich. Gottes Geist ist nicht von der Gestaltung sakraler Räume abhängig. Aber Räume können Menschen dabei helfen, Gottes Geist zu erleben. Es gibt Räume, die eine solche Macht auf den Menschen ausüben, dass er wie von selbst in eine andächtige Stimmung kommt. Nie werde ich vergessen, wie ich mit meinen Kindern auf Burg Lockenhaus in Österreich einen solchen Raum betrat. Es war der sogenannte Kultraum, das Herz jener Burg. Wir hielten den Atem an, als wir hineingingen, die Kinder genauso wie die Erwachsenen. Wir spürten eine Atmosphäre des Göttlichen. Der Raum war karg, symmetrisch, die Wände bestanden aus rohen Steinen. Es herrschte eine ruhige Dämmerung. Unsere Münder schlossen sich, unsere Herzen wurden still, und wir wurden offen für Gedanken, die wir vorher nicht gedacht, für Worte, die wir vorher nicht gesprochen hatten.

Gewiss, der Heilige Geist kann in jedem Raum gegenwärtig sein, gleich, ob er eine architektonische Besonderheit ist oder eine Garage. Und doch hilft ein gut gestalteter Raum zur Sammlung der Gedanken, zu Andacht und Stille. Das wissen die weltlichen Veranstalter von Festen nur zu genau. Sie achten peinlich genau darauf, dass alles ansprechend arrangiert ist. Da liegt nichts herum, da gibt es keine Schmuddelecken oder unaufgeräumte Ablagen. Da wird für reichlich Blumenschmuck gesorgt. Sie machen es uns vor, wie ein Raum aussehen muss, wenn sich die Besucher wohlfühlen sollen.

Seit ich diese Zusammenhänge kenne, weiß ich: Es ist nicht von ungefähr, dass die alten Kirchen so prachtvoll sind. Es hat seinen Sinn, dass sie harmonische Proportionen besitzen und mit Bildern und Ornamenten geschmückt sind. Ja, ich weiß auch, dass damit Missbrauch getrieben wurde, dass damit Reichtum und Macht zur Schau gestellt wurden. Doch ist ein Raum nicht deshalb schön, weil jemand damit protzen will. Der Raum in Lockenhaus kommt ohne jeden Schmuck aus. Wann aber ist ein Raum schön? Als Schüler besuchten wir die Klosterkirche in Bad Wimpfen. Anschließend gestand mir ein Klassenkamerad: »Da habe ich gebetet!« Ein Kirchenraum ist dann schön, wenn er Menschen zum Gebet führt und ihnen den Glauben erleichtert.

21 Brot und Wein

»... die Gemeinschaft des Leibes Christi.«

1. KORINTHER 10,16 b

Immer wieder einmal beginnt in der Gemeinde das Gespräch über das Abendmahl. Oft entsteht es an der Frage, wer denn eigentlich am Abendmahl teilnehmen darf.
Manchmal findet man Kinder im Alter von zwei Jahren
an aufwärts, die sich in die Schar derer einreihen, die vorn
am Altar Brot und das Gewächs des Weinstocks zu sich
nehmen wollen. Manchmal sind Gäste im Gottesdienst,
bei denen man nicht so recht weiß, dürfen die, oder dürfen
die nicht ...? In den lutherischen Kirchen war das früher
ganz einfach geregelt: Wer sich am Tag zuvor beim Pfarrer angemeldet hatte, der durfte teilnehmen, sonst keiner.
Für heutige Bedürfnisse und heutige Gepflogenheiten ist
diese Bedingung entschieden zu eng gefasst. Die Mobilität
der Menschen verschlägt diese manchmal in eine Gemeinde, die sie nicht kennt. Darunter sind auch Leute, die dem
Aussehen nach katholische Südländer oder gar Moslems
sein könnten. Dürfen diese Menschen nun am Abendmahl
teilnehmen oder nicht?

Eine erstaunlich weitherzige Auffassung hatte hier der
Kirchengründer wider Willen John Wesley, und wir tun gut
daran, sie uns zu eigen zu machen. Das Abendmahl wurde
eingesetzt, so Wesley, um den Menschen die Gnade Gottes
zu vermitteln. Diese Gnade hat nach Wesley eine dreifaltige
Wirkung: Sie wirkt als vorlaufende, als rechtfertigende und

als heiligende Gnade. Das Verständnis des Abendmahls hat sich also nach diesen drei Wirkungen der göttlichen Gnade auszurichten. Mit der vorlaufenden Gnade meint Wesley, dass kein Mensch von sich aus die Möglichkeit hat, Gott zu suchen oder gar zu erkennen. In dem Augenblick, in dem ein Mensch sich trotzdem für die Frage nach Gott ernsthaft öffnet, begegnet er schon der Gnade Gottes, auch wenn er noch keine Lebenswende vollzogen hat. In demselben Augenblick, in dem ein Mensch merkt, dass in seinem Leben das Entscheidende fehlt und also seine Seele nach Gott dürstet, wie es im Psalm 42 heißt, wird er schon bewegt von der Gnade Gottes, die seinem eigenen Tun zuvorkommt, eben: vorlaufende Gnade ist.

Für das Verständnis des Abendmahls bedeutet das: Wer immer an einem Gottesdienst teilnimmt, in dem das Abendmahl gefeiert wird, hat das Recht, Brot und Wein zu empfangen und in, mit und unter Brot und Wein den Leib Christi. Denn es ist Gott, der ihn in diesen Gottesdienst geführt hat, es ist seine vorlaufende Gnade, die ihm zuteilgeworden ist.

Deshalb steht in der methodistischen Tradition das Abendmahl jedem offen, der daran teilnehmen möchte. Allerdings ist dabei zu hoffen, dass es nicht bei dieser vorlaufenden Gnade bleibt. Der Mensch braucht, wenn er Christ werden will, auch die rechtfertigende Gnade Gottes. Und am Ende soll er im Glauben und im Tun von Gottes Heiligkeit durchdrungen werden – die heiligende Gnade Gottes erleben.

22   Der Löwenzahn

>»Gott widersteht den Hochmütigen,
aber den Demütigen gibt er Gnade.«

1. PETRUS 5,5b

Bertolt Brecht bringt es auf den Punkt: »Ja, renn nur nach dem Glück, doch renne nicht zu sehr! Denn alle rennen nach dem Glück, das Glück rennt hinterher.« Er wusste schon, wie hoffnungslos lächerlich das ist: Da hetzen sich die Menschen ab, um Glück zu ergattern – und das Glück dackelt atemlos hinterher. Das Glück will ja zu den Menschen, und der Mensch will zum Glück. Aber weil er scheinbar hinter dem Glück herrennt, verpassen sie einander, das Glück und der Mensch. Woran das liegt? Bertolt Brecht kennt die Antwort: »Denn für dieses Leben ist der Mensch nicht anspruchslos genug, drum ist all sein Streben nur ein Selbstbetrug.« Damit trifft sich der atheistische Dramendichter mit einem der profiliertesten Christen des britischen Weltreiches, Gilbert Keith Chesterton (1874–1936). Er wurde weltberühmt mit seinem Pater Brown, dem geistlichen Detektiv. Chesterton schrieb: »Dem Demütigen, und ihm allein, ist die Sonne wirklich Sonne; dem Demütigen, und ihm allein, ist das Meer wirklich Meer.«

Was Brecht Anspruchslosigkeit nennt, ist im Sprachgebrauch Chestertons Demut. Nur wer die Demut kennt, empfindet Glück beim Betrachten eines Sonnenuntergangs oder der Weite des Meeres. Wer in diesen kostbaren Augenblicken gleichgültig bleibt, sie etwa noch mit anderen

Sonnenuntergängen vergleicht, gerät in die Versuchung, hochmütig zu sein. Alle Dinge nach ihrem Geldes- oder Erlebniswert zu taxieren, ist geradezu ein Kennzeichen für den Hochmut. Mit dieser Haltung kann man sich zwar die Reise an die Steilküste des Mittelmeeres kaufen. Vor Glück aber sprachlos werden, Tränen der Ergriffenheit weinen, sich vor seligem Lachen den Bauch halten: Das alles wird derjenige verpassen, der das Glück planen oder kaufen will. Denn das Glück lässt sich nicht bannen, es lässt sich nicht willentlich herbeiführen, es kommt immer überraschend – aber nur für den, der sich überraschen lässt. Dann aber steigert sich das Glücksempfinden manchmal vor Dingen, die man allzu leicht alltäglich nennt und in ihrer Würde nicht mehr wahrnimmt. Nur wer sich bis zum Boden niederbeugt, kann über die Schönheit des Löwenzahns Glück empfinden. Dag Hammarskjöld (1905–1961), der erste Generalsekretär der Vereinten Nationen, war ein tief glaubender Christ und schrieb: »Demut vor den Blumen der Baumgrenze öffnet den Weg zum Gipfel.« Und auf dem Gipfel stehen, das ist Glück.

Demut, das heißt nicht Unterwürfigkeit, wie sie so oft missverstanden wird, sondern Staunen über das Leben, die Welt und über Gott. Demut heißt, sich die weit aufgerissenen Augen des Kindes zu bewahren und in dem, was uns widerfährt, immer wieder das Heilige und Göttliche zu erleben. Darin will uns Gott begegnen. Kann es größeres Glück geben als die Begegnung mit Gott? Wohl kaum. Dieses Glück nennt der Glaubende Gnade. »Gott widersteht den Hochmütigen, aber den Demütigen gibt er Gnade.«

23   Der Igel

»Selig sind, die Frieden stiften.«

MATTHÄUS 5,9

Die Welt, in der Jesus zu Hause war, wurde bestimmt vom römischen Frieden. Römische Soldaten wachten peinlich darauf, dass jeder Aufstand im Keim erstickt wurde und dass fremde Völker von den eigenen Grenzen mit Gewalt ferngehalten wurden.

In dieser kriegerischen Umwelt wirkte das Wort Jesu von den Friedensstiftern ziemlich befremdlich. Auch die eigenen Anhänger hofften ja, er werde Israel mit Gewalt aus der römischen Fremdherrschaft befreien und so den Frieden bringen. Wie Jesus das aber gemeint hat mit den Friedensstiftern, erklärt er in der Bergpredigt: »Ich aber sage euch, dass ihr nicht widerstreben sollt dem Übel, sondern: Wenn dich jemand auf deine rechte Backe schlägt, dem biete die andere auch dar« (Matthäus 5,39).

Das steht absolut quer zu allen Friedenssicherungen aller Zeiten und Völker. Wenn man die Welt heute betrachtet, könnte man verzweifeln angesichts der Gewalt, die darin herrscht und zunehmend um sich greift. Und wenn man sich vor Augen führt, dass Länder und Völker von ihren Feinden einfach überfallen und ausgerottet werden, fällt es schwer, Jesus zu verstehen. Sollen die Christen in Syrien wehrlos zusehen, wie sie von den marodierenden Horden Assads überfallen, ermordet, ausgeraubt und vergewaltigt werden?

Ich war in den achtziger Jahren des vorigen Jahrhunderts oft in Ost-Berlin und organisierte dort Treffen zwischen Studenten aus West- und Ostdeutschland. Einmal fand diese Begegnung um den 1. Mai herum statt. Da hatten wir das »Vergnügen«, die Parade der SED zum 1. Mai mit ansehen zu können. Ganz am Ende des Umzuges wurde ein großes Plakat mit einem Igel darauf mitgeführt. Darunter stand: »Der Friede muss bewaffnet sein!« Ich fing an zu lachen, als ich das sah. Meine Begleiter fragten mich, warum. Ich antwortete: »Vor noch nicht einmal einer Woche habe ich einen Ansteckknopf in Westdeutschland gesehen mit einem Igel drauf und der Aufschrift: Frieden schaffen mit Waffen!« Wenn beide Igel auf ihre Stacheln verzichten würden, brauchte man keine Waffen mehr. Aber welcher Igel fängt damit an? Und wenn einer anfängt – wer gibt ihm die Garantie, dass ihn der andere Igel nicht sticht? Der bewaffnete Friede, auch Abschreckung genannt, hat uns in der westlichen Welt eine lange Friedenszeit beschert. Dafür bin ich dankbar. Die Kosten aber waren und sind immens hoch. Sie werden zu einem Teil von denen bezahlt, die in den Ländern der sogenannten Dritten Welt und in den Schwellenländern Hunger und Mangel leiden.

So lange wir fehlbare Menschen sind, wird der gewaltfreie Frieden ein Traum bleiben. Es ist jedoch wichtig, dass er geträumt wird und die Sehnsucht danach wach bleibt. Noch wichtiger ist es, dort, wo wir leben, Frieden zu verbreiten. Am wichtigsten aber ist es, nicht nachzulassen in dem Gebet, dass Jesus Christus, der große Friedensstifter, bald kommen und endgültig das Friedensreich Gottes aufrichten möge.

24 Schönheit

»Die auf ihn sehen, werden strahlen vor Freude.«

PSALM 34,6a

Das schönste Gesicht, das ich je gesehen habe, gehört nicht einer Filmdiva, nicht einer Miss Germany oder gar einer Miss World. Das schönste Gesicht war kein junges Gesicht. Es gehörte einer alten Frau: meiner Großmutter.

Meine Großmutter war bereits recht betagt, als ich zur Welt kam. Meine Geschwister und ich waren für sie ausgesprochene Nachzügler. So bin ich in den Genuss einer klassischen Oma gekommen. Mein Großvater, ihr Mann, war schon lange tot, aber sie trug noch immer Schwarz oder wenigstens Dunkelblau. Ihre Haare, hinten zu einem Knoten geschürzt, strahlten in reinstem Silber und auf ihrer Nase saß eine goldgeränderte Brille. Wenn sie mich bei meinem Namen rief, mich auf ihren Schoß klettern ließ, ihre Brille herunternahm und mir aus vielen kleinen Fältchen zulächelte, dann schaute ich in ein Gesicht, das mir wie lauter Sahne und Vollmilchschokolade, wie Güte und Himmelreich erschien. Wenn man mich damals gefragt hätte: »Wer ist die Schönste im ganzen Land?« – die Antwort hätte nur lauten können: meine Oma!

Aufgewachsen war sie in großer Armut; Reichtümer gab es in Ostfriesland beim Torfstechen nicht zu gewinnen. Ihr Mann war Bluter, das heißt, er war chronisch krank und starb sehr früh. Die beiden ältesten Söhne fielen im Zweiten Weltkrieg. Das Leben hatte sie nicht geschont. Was also war das Geheimnis dieses Leuchtens, das ihr Gesicht so verzauberte? Sie verriet es mir einmal, ohne es zu wissen. Ich war schon in etwas reiferem Jugendalter und hatte öffentlich bekannt, dass ich zu Jesus gehören wolle. Wenige Tage später besuchte ich meine Großmutter. Sie schaute mich an und sagte: »Wie ich höre, hast du Frieden mit Gott gefunden?« Ich nickte. Heute weiß ich: Das also war es, das ihrem Gesicht diesen unwiderstehlichen Glanz verlieh – Frieden mit Gott.

Ein altes Gesicht legt Zeugnis davon ab, ob sich das Leben gelohnt hat oder nicht. Es ist darum von ungeheurem Wert, dass Kinder und Jugendliche in alte Gesichter sehen können, die von Liebe, Lebensfreude und Frieden mit Gott geprägt sind. Sie tragen die gute Nachricht vom Wert des Lebens und von der Liebe Gottes in die übernächste Generation. Sie sorgen mit dafür, dass Glaube und Hoffnung keimen und die Zukunft denen verheißungsvoll erscheint, die in ein solches altgewordenes Gesicht schauen dürfen. »Ein alter Griesgram« hingegen, so sagte Teresa von Avila (1515–1582), »ist das Krönungswerk des Teufels.«

Es nützt übrigens nichts, morgens in den Spiegel zu schauen und das Lächeln einzuüben wie Sy Parrish das in dem Film »One Hour Photo« tut. Dargestellt durch Robin Williams, stellt er sich, bevor er in seinen Fotoladen geht, vor einen Spiegel mit der Aufschrift: »Check your smile«, zu Deutsch: »Überprüfe dein Lächeln«. Der Glanz, der ein altes Gesicht so schön macht, kommt nicht von Lippengymnastik. Der Glanz, der unseren Kindern und Enkeln ihr Leben mit hoffnungsvollem Licht erhellt, kommt von innen. Er ist der Widerschein des Angesichtes Gottes.

25 Die Krippe

»Jesus Christus gestern und heute
und derselbe auch in Ewigkeit.«

HEBRÄER 13,8

Die Adventszeit lässt uns in zwei Richtungen schauen.
Zum einen weist sie hin auf Weihnachten. Die Bräuche, die damit verbunden sind, enthalten hauptsächlich das
Symbol des Lichtes: den Adventskranz mit seinen vier Ker-
zen, die nach und nach entzündet werden. Aus dem Erzge-
birge kennen wir den beleuchteten Schwibbogen, der die
Sehnsucht nach dem Licht darstellt. Die Bergleute fuhren
in der morgendlichen Dunkelheit in den dunklen Schacht;
und wenn sie abends nach Hause kamen, war es wieder
dunkel. Jedes Licht stellte ursprünglich eine aus dem Berg
zurückgebrachte Grubenlaterne dar. Ein ganz erleuchteter
Lichtbogen am Haus bedeutete, dass alle Arbeiter dieses
Hauses wohlbehalten aus der Grube zurückgekommen
waren. Der weihnachtliche Christbaum mit seinen vielen Lichtern ist der Höhepunkt des Lichterbrauches und
gleichzeitig sein Ende – wenn die Weihnachtszeit vorüber
ist, werden alle Lichtsymbole wieder verpackt und warten
auf den nächsten Winter. Der Sinn der Adventszeit ist die
innere Vorbereitung auf das Fest, das die Ankunft Jesu in
Bethlehem feiert. So gesehen erinnern wir uns im Advent
an die Menschwerdung Gottes im Kind in der Krippe.

Dazu kommt ein Zweites: Im Advent erwarten wir die
Wiederkunft Jesu Christi. Der Gedanke wird wachgehal-

ten, dass derselbe Herr, der damals unter den Menschen geboren wurde, in Zukunft wiederkommen wird. Die Vorstellung, dass Jesus wiederkommt, ist für viele Menschen heute eher befremdlich. Denn sie ist verbunden mit dem Gedanken des Gerichtes Gottes am Ende der Zeit. Das Gericht aber löst Herzklopfen aus: Wie werde ich dastehen, wenn vor Christus als Richter das Ganze meines Lebens zur Sprache kommt? Und dann fällt mir so manches ein, was ich gern vergessen wollte, das aber nicht zu vergessen ist. Wie soll ich dem Urteil Gottes standhalten? Viele Menschen beruhigen ihr schlechtes Gewissen damit, dass sie das Gericht Gottes leugnen. Doch ist das nicht die Lösung. Man entgeht dem Gericht nicht dadurch, dass man es für nicht existent erklärt.

Von entscheidender Bedeutung ist vielmehr, dass der kommende Herr derselbe ist, dessen Ankunft in Bethlehem wir feiern. Wir erwarten keinen Herrn, der teilnahmslos und objektiv die Welt richtet, sozusagen von oben herab. Wir erwarten Jesus. Wir erwarten den, der uns in unserer menschlichen Schwäche kennt und uns liebt. Der, auf den wir warten, hat aus dieser Liebe heraus das Gericht, vor dem wir zu stehen haben, auf sich gezogen und wurde an unserer Stelle verurteilt. Das Gericht trifft uns nicht mehr. Jesus hat es für uns erlitten. So stärkt die Adventszeit zweifach unseren Glauben: Was in Bethlehem begonnen wurde, wird am jüngsten Tag vollendet. Die Zukunft löst ein, was in der Vergangenheit verheißen wurde. Am Ende stehen wir vor dem Kind in der Krippe. Und dieses Ende ist wiederum ein Anfang.

26 Das Chamäleon

»Vor Gott bleibt nichts verborgen.«
HEBRÄER 4,13

Ein rätselhaftes Chamäleon verwirrt die amerikanische
Öffentlichkeit in den 1920er- und 1930er-Jahren: Le-
onard Zelig, ein Mann ohne eigenes Ich. Beim Zusam-
mentreffen mit anderen Menschen nimmt er stets deren
jeweilige Identität an. Zelig ist ein Meister der Anpassungs-
fähigkeit. Er wird bei Dicken dick, bei Schwarzen schwarz
und bei Psychiatern selbst zum Psychiater. Schließlich landet er im Nazi-Deutschland. Dort wird er auf einem Foto
schräg hinter Hitler entdeckt. Eine Freundin nimmt ihn
zurück in die USA.

Was sich hier liest wie eine Dokumentation, ist in Wirklichkeit erfunden. Es handelt sich um einen Film von Woo-
dy Allen. Wenn aber die Gestalt des Zelig auch erfunden
ist, enthält sie doch viel Wahrheit. Was Zelig im Übermaß
betreibt, tun wir jeden Tag. Wir passen uns an. Wer mit
dem Lehrer seines Sohnes spricht, redet anders als mit einem Arbeitskollegen oder der Ehefrau. In der Gemeinde
benimmt man sich anders als im Bierzelt. Wir spielen verschiedene Rollen. Wir haben für viele Gelegenheiten die
passende Maske. Das ist soweit auch ganz in Ordnung, solange es kein Zelig'sches Übermaß annimmt. Verschiedene
Umstände erfordern eben ein verschiedenes Verhalten.

Schwierig wird es nur, wenn wir dabei vergessen, wer
wir eigentlich sind. Manchmal verlieren wir über unseren

Rollen unseren eigentlichen Charakter. Dietrich Bonhoeffer formuliert das so: »Wer bin ich? Der oder jener? Bin ich denn heute dieser und morgen ein anderer?« Und weiter: »Wer bin ich? Einsames Fragen treibt mit mir Spott.« Und er schließt mit den Worten: »Wer ich auch bin, du kennst mich, dein bin ich, o Gott!« Bonhoeffer weiß: Wenn ich hier dieser und dort ein anderer bin, vor Gott bin ich immer derselbe. Er erkennt mich in der Tiefe meines Wesens und weiß, wer ich bin. Er schaut hinter die Masken. Ihm kann man nichts vormachen. Kann sein, dass man sich nackt vorkommt ohne Maske; und das ist peinlich. Gott weiß, wer ich bin, und er weiß auch, was aus mir geworden ist, im Guten wie im Bösen. Doch genau dieses nackte, bloße Wesen, das da gekrümmt vor Gott steht, ist sein geliebtes Kind, für das er in der Welt war und sich kreuzigen ließ.

Nun steht im Hebräerbrief auch, dass wir Rechenschaft abzulegen haben, und das versetzt uns in Unruhe. Wonach wird uns Gott fragen? Er wird uns fragen, wo unsere Schönheit geblieben ist, die er uns zugedacht hat. Er wird uns fragen, wie eine Mutter ihr Kind fragt, das verwahrlost nach Hause kommt: Was ist nur aus dir geworden? Er wird uns fragen unter dem Vorzeichen, dass unsere Verunstaltungen schon längst vergeben sind durch Jesus Christus. Er stellt uns liebevolle Fragen. Wenn wir nicht mehr antworten können, fällt unser unverstellte Blick auf den gekreuzigten und auferstandenen Jesus Christus. Dort finden wir zu uns selbst, und das ist ewige Seligkeit.

27 Gut gemeint

»Du sollst nicht begehren!«

2. MOSE 20,17

Das Gegenteil von gut ist nicht böse, sondern gut gemeint.« Dieser Spruch von Kurt Tucholsky ist reichlich überspitzt, hat aber trotzdem sein Recht. Wie viele Menschen haben schon geweint, weil irgendjemand es mit ihnen gut gemeint und doch nur Böses damit angerichtet hat! Dann fällt es wie Schuppen von den Augen: Es war gut gemeint; aber die Folgen des gut gemeinten Tuns sind schlecht. Und schließlich kommt der Satz: »Ich habe es ja nicht gewusst!« Das ist der springende Punkt. Wer die Folgen seiner Taten nicht einschätzen kann, hat überhaupt keinen Maßstab für Gut und Böse. Er weiß nicht, ob das, was er tut, gut oder böse ist. Er braucht jemanden, der ihm die Augen öffnet. Wenn sie uns nicht geöffnet werden, gehen wir durch dieses Leben wie ein Wanderer durch einen Urwald ohne Karte, ohne Kompass, ohne Anleitung, wie drohenden Gefahren auszuweichen ist.

Zwar hat dieser Wanderer einen großen Vorteil: Er kann tun und lassen, was er will; es gibt keine Vorschriften. Er kann nach Gutdünken entscheiden, wohin er sich wenden will. Aber trotz seiner gut gemeinten Entscheidungen wird er wohl nirgends ankommen. So sieht der Apostel Paulus den Menschen durch die Welt taumeln ohne das göttliche Gesetz. Er kann guten Willens sein und weiß nicht, wohin ihn sein guter Wille führt. Erst das Gesetz öffnet ihm die

Augen dafür, welche Konsequenzen sein Tun hat und wie er durchs Leben gehen kann, ohne zu straucheln oder in Abgründe zu fallen.

Nun sagt mir das Gesetz zum Beispiel – so der Apostel –, dass ich nicht begehren soll. »Ach, sieh mal an, ich darf also nicht begehren. Warum nicht? Wenn ich begehre, wende ich mich gegen das Gesetz und deshalb gegen Gott. Das ist Sünde! Das kann ich nicht auf Dauer überleben. Das kostet den Tod.« Doch das Begehren geschieht ganz einfach so. Ich soll es nicht, aber im Bann der Sünde tue ich es eben. Und siehe da: Der Mensch merkt, er ist der Sünde verfallen. Und mit der Sünde ist er auch dem Tod anheimgegeben. Das ist ein tragisches, unausweichliches Geschehen. Die Sünde ist mächtiger als ich. Das Wollen habe ich wohl, ihr zu widerstehen; aber vollbringen kann ich es nicht. Die Sünde hat das Gesetz widerrechtlich benutzt, um mir den Tod zu bringen. Unter der Sünde bin ich eigentlich schon tot; nur sie, die Sünde, lebt. Daraus gibt es keinen Ausweg, den wir selbst erschaffen könnten. Wir sind im Bann der Sünde, auch wenn wir noch so sehr gegen sie anstrampeln. Das ist wie im Moor, wenn einer versinkt: Jede Bewegung lässt ihn nur noch tiefer sinken.

Es gibt nur einen Ausweg: Da muss jemand kommen und ihn herausziehen. Der Sünder selbst kann gar nichts dazutun. Er kann nur bitten, rufen und schreien: Gott, hilf mir heraus! Und in Jesu Namen kommt Gott und hilft ihm heraus. Nun ist er gerettet, nun bin ich gerettet von der Macht der Sünde und des Todes.

28 Völlig anders!

»Darum sollt ihr vollkommen sein,
wie euer Vater im Himmel vollkommen ist.«

MATTHÄUS 5,48

An den Gräbern reden wir von der Ewigkeit. Ewiges Leben, ewiges Licht. Was aber ist das: Ewigkeit? Wenn wir es erklären wollen, geraten wir ins Stottern. Davon erzählt die Geschichte mit den beiden Mönchen. Sie sind eng miteinander befreundet. Als der eine ans Sterben kommt, bittet ihn der andere, ihm doch im Traum zu erscheinen und ihm mitzuteilen, wie es denn nun mit der Ewigkeit beschaffen sei. Sie reden natürlich Latein miteinander; so soll der Gestorbene sagen: »Taliter«, es ist so, wie wir uns das vorgestellt haben, oder: »Aliter«, es ist ganz anders. Nach seinem Tod erscheint der Gestorbene tatsächlich seinem noch lebenden Freund. Der fragt ihn, wieder auf Latein: »Qualiter?« – zu Deutsch: »Wie ist es?« Der Verstorbene antwortet: »Totaliter aliter!« – »Völlig anders!«

Auch die Bibel spricht nur in Umschreibungen von der Ewigkeit. Ein Zeitalter löst das andere Zeitalter ab, das ist in der biblischen Sprache die Ewigkeit. Jesus spricht ebenfalls nur in Andeutungen darüber. Was er aber sagt, stimmt mit der Geschichte von den beiden Mönchen überein: Es ist alles ganz anders. Man kann es nicht fassen. Deshalb spricht er lieber vom Kommen des Reiches Gottes und der Auferstehung der Toten. Und wenn wir von der Ewigkeit reden, tun wir gut daran, ihm darin zu folgen.

Denn Jesus ist selbst der Auferstandene. Weil er das ist, können wir an ihm im Glauben erfassen, was wir über die Ewigkeit wissen können. So wie er auferstanden ist, werden wir auferstehen, wenn das Reich Gottes anbricht. Jesus begegnet als der Auferstandene seinen Jüngern, und sie erkennen ihn. So begegnen wir in unserer Auferstehung dem Auferstandenen und erkennen ihn; und so wie Jesus seine Jünger erkennt, erkennen wir einander.

Jesus geht als Auferstandener durch die Räume, keine Zeit und kein Raum kann ihn aufhalten. So sind auch für uns Zeit und Raum nicht mehr existent, wenn wir in der Ewigkeit sind. Alles ist reine Gegenwart; um es genauer zu sagen: Alles ist reine Gegenwart Gottes.

Die Ewigkeit ist also kein Zustand besinnungsloser Ruhe, kein Nirwana, in dem das Bewusstsein ausgelöscht wird; sie ist auch nicht einfach die Verlängerung und Optimierung des Lebens hier auf der Erde. An Jesus sehen wir, dass Ewigkeit die Erfüllung dessen ist, was er von seinen Jüngern prophetisch fordert: »Darum sollt ihr vollkommen sein wie euer Vater im Himmel vollkommen ist« (Matthäus 5,48). Und weil diese Vollkommenheit mit der Liebe verbunden ist, ist es erlaubt und geboten, sich die Ewigkeit als die uneingeschränkte, freie Gegenwart der Liebe zu denken. Wenn wir in dieser Liebe leben, haben wir jetzt schon teil an der Ewigkeit. Mehr können wir nicht wissen; mehr brauchen wir auch gar nicht zu wissen.

29 Geschenk

»Die Gnade unseres Herrn Jesus Christus
und die Liebe Gottes und die Gemeinschaft
des Heiligen Geistes sei mit euch allen!«

2. KORINTHER 13,13

Der Glaube an Jesus Christus ist ganz und gar göttliches Geschenk. Der Mensch kann nichts dazutun, um in Jesu Namen vor Gott zu bestehen. Er hat auch gar kein Bedürfnis, sich Gott zuzuwenden, ganz im Gegenteil: Das menschliche Herz ist in sich selbst gefangen und kommt noch nicht einmal auf die Idee, dass es eine Befreiung braucht. Der Mensch will sich selbst rechtfertigen, will sich selbst das Lebensrecht und die Lebensgesetze zusprechen. Selbsterlösung heißt das vermeintliche Zauberwort, oder: Selbstverwirklichung. Denn der Glaube ist eine Zumutung. Glaube heißt, sich abhängig zu wissen von Gott und das auch noch als Gnade zu empfinden. Das widerspricht entschieden dem Streben des Menschen nach Autonomie.

Trotzdem stehen immer wieder Menschen vor der Entscheidung: Soll ich den Glauben annehmen oder nicht? Wie kommt es dazu, wenn der Wille des Menschen schon die Situation ablehnt, in der er diese Entscheidung treffen soll?

Der Grund dafür liegt darin, dass Gott den Menschen sucht. Er begegnet dem Menschen und weckt in ihm die Sehnsucht nach seinem Schöpfer und Erlöser. Dazu kann Gott sehr verschiedene Wege gehen: Die Natur erzählt von ihrem Schöpfer, die Musik öffnet die Seele für die Frage nach Gott, ein Gedicht, eine Rundfunkandacht, eine zufällig gehörte Predigt lädt ein zum Weiterhören. Oder eine Krankheit, ein familiäres Drama, ein Karriereknick lässt die Selbstgewissheit des Menschen wanken, und nun sucht er nach dem tragenden Fundament, nach Gott.

Schon, dass der Mensch in die Situation kommt, in der er sich für den Glauben entscheiden kann, ist also nicht in sein Belieben gestellt, sondern ganz und gar Gottes Geschenk. Damit ist sichergestellt, dass der Mensch überhaupt nichts beiträgt zu seiner Erlösung. Er kann es auch gar nicht und er muss es nicht einmal. Er ist ganz und gar auf Gott angewiesen. Das heißt allerdings auch, dass er auch vorher nichts dazu zu tun braucht, um erlöst zu werden; er kann ganz und gar darauf vertrauen, dass Gott in Christus alles für ihn getan hat. Dieses Vertrauen nennen wir Glauben. Dieser Glaube ist das Geschenk, das Gott für den bereit hält, der es empfangen möchte.

30   Feinde

»Selig sind, die da hungert und dürstet
nach Gerechtigkeit, denn sie sollen satt werden.«
MATTHÄUS 5,6

Wem Unrecht widerfahren ist, dürstet nach Gerechtigkeit. Das ist eine allgemein menschliche Erscheinung und bedarf keiner Seligpreisung. Das gesamte
textliche Umfeld, dem der Spruch entnommen ist – die
Bergpredigt – lässt dann auch auf einen anderen Adressaten
schließen. Nicht der wird selig genannt, der ergeben darauf
wartet, dass jemand ihm Gerechtigkeit verschafft. Sondern
selig ist, der aktiv dafür arbeitet, dass die Gerechtigkeit
siegt. Selig ist der Mensch, der das Unrecht, das an seinen Mitmenschen und in seinem Gemeinwesen geschieht,
nicht erträgt. Selig ist, wer deshalb Hunger und Durst nach
Gerechtigkeit empfindet.

Die Gerechtigkeit, die Jesus hier meint, unterscheidet
sich von der Gerechtigkeit unseres Alltages. Wir setzen auf
Ausgleich. Gleiche Arbeit, gleicher Lohn, das wäre gerecht.
Gerecht ist, dass jeder das bekommt, was er zum Leben
braucht, auch wenn er es nicht selbst erarbeiten kann. Wenn
jemand vor das Strafgericht zitiert wird, soll er die Strafe
bekommen, die seinem Vergehen entspricht. Das sind einige der Standards, für die viele Menschen lange gekämpft
haben und die in einem Rechtsstaat nicht aufgegeben werden dürfen. Seien wir froh, dass wir diese Gerechtigkeit haben – mit all den Abstrichen, die man machen muss, weil es

fehlbare Menschen sind, die diese Gerechtigkeit ausüben. Jesus meint mehr als dies. Er sagt: »Wenn eure Gerechtigkeit nicht besser ist als die der Schriftgelehrten und Pharisäer, so werdet ihr nicht in das Himmelreich kommen« (Matthäus 5,20). Was aber ist die bessere Gerechtigkeit?

Jesus macht das an verschiedenen Bereichen deutlich. Den Bruder oder die Schwester zu beschimpfen, zieht rechtlich gesehen keine Strafe nach sich. Für Jesus kommt das einem Mord gleich. Die bessere Gerechtigkeit ist, sich zu versöhnen, mit dem Familienangehörigen wie auch mit dem Gegner. Eine Frau darf kein Objekt der Begierde werden, sondern ist als vollwertiger Mitmensch zu achten. Die Ehescheidung, von der herrschenden Rechtsprechung durchaus gestattet, ist Ehebruch. Wortreiche Schwüre sind überflüssig, wenn die innere Wahrhaftigkeit mit einem schlichten Ja oder Nein auskommt. Vergeltung bei erlittener Gewalt ist nicht der Weg Jesu, sondern: »Wenn dich jemand auf deine rechte Backe schlägt, dem biete die andere auch dar« (Matthäus 5,39b). Wer Unrecht erleidet, soll nicht vergelten, sondern vergeben, wie ja schließlich auch Gott dem Sünder vergibt. Den Höhepunkt findet die bessere Gerechtigkeit, wenn Jesus die Feindesliebe predigt. Die bessere Gerechtigkeit besteht in der bedingungslosen Liebe zu den Menschen. Wer diese Liebe aufbringt, wird vollkommen sein. Selig ist, wer nach dieser Gerechtigkeit Hunger und Durst empfindet. Er wird satt werden.

Wann wird das sein? In dieser Welt wohl kaum. Es ist aber eine Dienstanweisung für die Gemeinde, auch wenn sie Vollkommenheit nicht erreichen wird. Und es ist eine Hoffnung für die zukünftige Welt, für das Reich Gottes.

31   Die Brille

»... dann aber werde ich erkennen,
gleichwie ich erkannt bin.«

1. KORINTHER 13,12B

Der amerikanische Schriftsteller Robert Bloch (1917–1994) erzählt von einer Brille mit der Aufschrift »veritas« – zu Deutsch: »Wahrheit«. Wenn jemand sie aufsetzt, kann er Gedanken lesen, kann sehen, was seine Mitmenschen von ihm denken. Das Ergebnis ist jedes Mal eine Katastrophe und endet ausnahmslos mit dem Tod des Brillenträgers. Der letzte, der die Brille aufsetzt, ist so unvorsichtig und schaut damit in einen Spiegel. Er erkennt nun seine eigenen Gedanken, auch die, die er lieber nicht denken möchte und die tief in seinem Unbewussten schlummern. Er ist über das, was er in seiner Seele und in seinem Gemüt vorfindet, so entsetzt, dass er die Brille mit einem Pistolenschuss zerstört. Sie befindet sich dabei auf seiner Nase.

So sieht es aus, wenn der Mensch die Wahrheit über sich selbst erkennen will. Diese Wahrheit ist niederschmetternd. Und wenn Gott die Wahrheit über uns erkennt, sieht diese Wahrheit nicht schmeichelhafter aus. »Des Menschen Herz ist böse von Jugend auf«, sagt er nach der Geschichte mit der Sintflut. Gott erkennt aber nicht nur das Abgründige unseres Herzens, sondern auch das, was diesen Abgrund verursacht hat: die zitternde Angst vor dem Nichtsein, das jedes Geschöpf an sich trägt. Die Gnadenlosigkeit, mit der der Mensch sich selbst zerstört in seiner Geschäftigkeit und in seiner Abhängigkeit. Er erkennt, wie der Mensch ausgebeutet wird von seinen Mitmenschen und unmenschlichen Verhältnissen. Und wie er sich abmüht und wie ein Fisch im Netz zappelt, um den menschenverachtenden Umständen und Kräften zu entrinnen, die ihn so böse machen. Er erkennt die große Sehnsucht des Menschen, dass da doch endlich jemand kommen möge und ihn befreie von der Last des Lebens und von der Tiefe seiner Abgründe. Und ja: Er erkennt auch die Güte in unseren Herzen und die oft verzweifelte Suche nach Liebe, die wir geben möchten und die wir erfahren möchten. Gott erkennt uns ganz.

Der Blick, mit dem Gott uns anschaut und mit dem er unser Herz erkennt, ist daher kein gehässiger, verurteilender, sondern ein liebender Blick. Wenn Gott uns erkennt, wird das Verborgene ins Licht gehoben; doch es ist das Licht der Gnade, das Licht der Liebe. Wir sind erkannt in einem liebenden Blick und erblühen in göttlicher Schönheit.

Wer das weiß, dass ein solcher Blick Gottes auf ihm ruht, kann sich nun getrost selbst erkennen. Er kann es tun ohne Angst, ohne Widerwillen, ohne sich vor sich selbst zu maskieren oder auf andere Weise unkenntlich zu machen. Nichts muss verborgen bleiben, denn es ist ja alles bereits erkannt von Gott. Und Gott hat nicht verurteilt, hat nicht verdammt, nicht die Todesstrafe verhängt. Er richtet mich auf vor seinem Thron und gibt mir neue Lebenskraft. Ich brauche auch die Brille »veritas« – »Wahrheit« – nicht mehr. Denn die Wahrheit, in der ich stehe, ist die der Liebe Gottes, die mich befreit und erlöst.

32 Seid nett zueinander!

>»Nehmt einander an, gleichwie Christus
euch angenommen hat zu Gottes Lob.«
RÖMER 15,7

Eine ältere Dame nahm mich nach einem Festessen mit verschwörerischer Miene beiseite. Sie habe noch ein Geschenk für mich, raunte sie. Aus ihrer Handtasche kramte sie eine Karte mit einem Spruch, gleich in mehreren Sprachen abgedruckt: »Seid nett zueinander!« Ich nahm die Karte mit Dank entgegen und steckte sie in meine Jackentasche. Dort fristete sie noch ein paar Monate ein unbeachtetes Dasein, bis meine Frau die Taschen meines Anzuges ausräumte; dabei landete der Spruch in der Altpapiersammlung.

Wäre aber nicht viel gewonnen, wenn alle Menschen in den christlichen Gemeinden wenigstens nett zueinander wären? In den Gesprächen würde manche Schärfe vermieden. Aber bloße Nettigkeit ist zu unverbindlich. Sie reicht nicht, weder in einer von Konflikten gebeutelten Welt noch in einer Gemeinde, die eben dieser Welt ihren auferstandenen Herrn Jesus Christus bezeugen will.

Deshalb greift der Apostel Paulus zu der Aufforderung, die Gemeindeglieder sollten einander annehmen. Das geht weit über alle Nettigkeiten hinaus. Wer einen Menschen annimmt, achtet ihn so, wie er selbst geachtet werden möchte. Er misst ihm denselben Wert bei wie sich selbst. Er nimmt interessierten Anteil an seinem Ergehen. In einer solchen Gemeinschaft fühlt man sich gut aufgehoben; und auch Konflikte können gründlich bearbeitet und ohne Angst bereinigt werden.

Der Apostel geht noch weiter und bemisst das Verhalten der Gemeindeglieder an dem Vorbild Jesus Christus. Jesus nahm in seinem irdischen Leben die Menschen ohne Vorbedingung an. Er kümmerte sich um Menschen, die sonst gemieden wurden: Zollbetrüger, Dirnen, Kranke und vor allem Aussätzige. Dabei wurde er nie übergriffig; er drängte sich nicht auf, sondern hörte auf das, was der andere von ihm erwartete.

In seinem unbedingten Willen, die Menschen anzunehmen, ging Jesus noch viel weiter. »Der Menschensohn ist nicht gekommen, um sich dienen zu lassen, sondern um zu dienen und sein Leben hinzugeben als Lösegeld für viele« (Markus 10,45), sagt Jesus von sich selbst. Am Kreuz auf Golgatha, als er ausrief: »Es ist vollbracht!«, hat er diese Worte bestätigt. Jesus gab sein Leben für uns hin. Das ist der denkbar höchste Ausdruck der Bereitschaft, jemanden anzunehmen – dass man für ihn stirbt.

Wenn die Gemeindeglieder einander in dieser Hingabe annehmen, dann verkündigen sie der Welt: Seht, so hat Gott uns angenommen, so will er euch annehmen. Das ist für die Welt eine befreiende Botschaft, die viele zum Lob Gottes führt. Durch das liebende Miteinander in den Gemeinden wird das Lob Gottes in der Welt verbreitet. Das ist das Ziel.

33   Die erste Pflicht

»Wer in der Liebe bleibt, der bleibt in Gott.«
1. JOHANNES 4,16b

Nun hat es also neben anderen Städten auch Stuttgart im frommen Württemberg ereilt: Die christlichen Kirchen haben insgesamt nicht mehr die absolute Mehrheit in dieser Stadt. Mehr als die Hälfte aller Stuttgarter gehören anderen Religionen oder gar keiner Religionsgemeinschaft an. Das hört sich für die Kirchen katastrophal an; es ist aber nicht mehr als die logische Folge einer Entwicklung, die bereits vor über drei Jahrhunderten angefangen hat.

Die weitaus meisten Mitglieder der großen Kirchen stehen deren Botschaft ohnehin skeptisch gegenüber. Für festliche und feierliche Stunden anlässlich der großen Stationen des Lebens wie Geburt, Hochzeit und Tod nehmen viele Mitglieder die Dienstleistungen der Pfarrer immer noch gern in Anspruch; doch wenn es um die Inhalte geht, gestehen viele Kirchensteuerzahler ihre Unkenntnis und Gleichgültigkeit ein. Da ist dann die Steuererklärung ein willkommener Anlass, der Skepsis die Tat folgen zu lassen und der Kirche zumindest finanziell den Rücken zuzukehren. Hinzu kommen die Migranten, die aus ihren Heimatländern den Islam oder andere Religionen mitbringen.

Noch sind allerdings die Folgen dieses Auszuges aus den Kirchen wenig spürbar. Das ist gut so; denn unsere Kultur gründet sich auf das Christentum. Das gilt für alle gesellschaftlichen Bereiche; und der endgültige Niedergang der

Kirchen würde den Abbruch dieser Kultur mit sich bringen. Zum Teil merkt man das heute schon.

Nun wäre es verfehlt, einstiger Größe und verblasstem Glanz nachzutrauern; ebenso wäre es falsch, mit politischer Ausgrenzung die Angehörigen anderer Religionen fernzuhalten. Die Religionsfreiheit ist ein nichtverhandelbares Gut und nicht zuletzt eine Konsequenz gelebten Christentums. Die Chance liegt vielmehr darin, sich im Status der Minderheit auf das zu besinnen, was den entscheidenden Inhalt des christlichen Glaubens ausmacht. Das ist die voraussetzungslose Liebe Gottes, die sich in Jesus Christus, dem Sohn Gottes, offenbart. In seinem Wirken, mehr noch in seinem Sterben und zu allermeist in seiner Auferstehung aus dem Tod wird deutlich, dass am Ende die Liebe Gottes siegt.

Diese Liebe Gottes zu glauben, zu leben und zu verkündigen ist die erste Pflicht nicht nur der Kirchen, sondern jedes Christen. Wenn das geschieht, werden sich die Kirchen vielleicht tatsächlich bald am Rand der Gesellschaft wiederfinden. Aber sie werden auch die Wirkung des Glaubens und die Kraft Gottes erfahren, und zwar tiefer und nachdrücklicher als in der komfortablen Lage der Volks- oder Staatskirche. Dafür lohnt es sich, Kirche zu sein und zu bleiben, auch und gerade wenn es gesellschaftliche Ausgrenzung mit sich bringt.

34 Wassertropfen im Meer

»Sie werden verzagen
vor dem Brausen und Wogen des Meeres.«
LUKAS 21,25b

Die Sonne ist noch nicht aufgegangen, aber es ist schon hell. Tagesanbruch am Strand. Kleine Wellen tragen stolz ihre Schaumkrönchen ans Ufer und tätscheln zärtlich den festen, nassen Sand. Ihr leichtes Plätschern unterstützt die Stille. Auf der Haut spüre ich eine leichte, kühle Brise. Der Blick wandert vom Ufer in die Weite. Am Horizont bildet das Meer eine scharfe Linie gegen den blassgrauen Himmel. Ich atme den Geruch von Salz und Wasser. Es riecht nach Freiheit. Zwei Gestalten nähern sich; offenbar ein Großvater mit seiner Enkeltochter. Sie werden einbezogen in die große grauweiße Stille dieses Morgens.

Ich setze mich in den Sand und warte auf den Sonnenaufgang. Der Horizont wird rot, gelb und gleißend, der Himmel blau, das Wasser auch. Schon steht die Sonne hoch am Himmel, da bevölkert sich der Strand, und die Ruhe ist dahin. Ein Sommertag wie viele andere hat begonnen; wer Zeit hat, kommt an die Küste und will sich im Wasser bewegen: baden, schwimmen, surfen und Boot fahren. Das Meer versteckt seine unbegreifliche Würde hinter dem Geschrei der Kinder und den Rufen der Erwachsenen, hinter Sonnenschirmen und Strandkörben, hinter fliegenden Eisverkäufern und flatternden DLRG-Fahnen. Die Wassermassen sind gezähmt, die Wellen sind zu dienstbaren

Geistern geworden, der Strand ist zu einem Gebrauchsgegenstand herabgesunken, mit dem man viel Geld verdienen kann.

Manchmal aber wehrt sich das Meer gegen seine profanen Nutzer. Es ruft den Wind, und der lässt die Wellen im Nu anwachsen. Zuerst macht es noch Spaß, sich kreischend hineinzuwerfen; aber sie werden immer unheimlicher. Die Bademeister blasen auf ihren Trillerpfeifen zum Rückzug; nicht lange, und der Strand ist wieder menschenleer. Hörbar wird, was unter dem Lärm der Menschen kaum noch wahrzunehmen war: Der rauschende Atem dieses großartigen Geschöpfes Gottes, das so sehr sein Geheimnis verkörpert wie kaum ein anderes.

So wie das Meer den Menschen Erholung gibt, schenkt Gott ihnen Oasen der Freude und des Vergnügens. Und so wie das Meer auf seinem Recht besteht, mehr zu sein als ein Gebrauchsgegenstand findiger Manager, so ist auch Gott mehr als ein lieber alter Mann im Himmel, der irgendwie schon alles recht machen wird. Denn er ist nicht wie der Badesee in einer Kiesgrube, sondern wie das gewaltige Meer. Gott ist so groß, dass der Mensch in seiner Bedürftigkeit ihn nicht zu fassen vermag, und sein Wirken so überraschend, dass Menschen über ihn so wenig verfügen können wie über das Meer. Bei alledem kann man jedoch auch Gottes Liebe nicht messen, wie sie uns in Jesus Christus begegnet – so wie niemand die Wassertropfen des Meeres zählen kann.

35   Der Weltverbesserer

>>Du bist der Mann!<<

2. SAMUEL 12,7a

Wir trafen uns nach vielen Jahren in einer Kneipe. Aus einem Jugendlichen war ein bärtiger junger Mann geworden. Ich fragte ihn nach seinen Plänen. Da leuchteten seine Augen auf und er sagte: »Wir sind dazu in der Welt, um sie zu verbessern.« Da hatte ich also einen jungen Weltverbesserer neben mir sitzen. Das war mir sehr sympathisch; auch ich habe mal zu den jungen Weltverbesserern gehört.

Inzwischen halte ich die Welt zwar immer noch für verbesserungsbedürftig, habe aber einsehen müssen, dass mich dieses Projekt heillos überfordert. Ich war gespannt, was für Erfahrungen mein Freund dabei machte, und fragte ihn: »Und wie machst du das?« Er sagte lange gar nichts. Dann gab er zu, dass er sich noch im Stadium der Ideenschöpfung befinde und nicht so genau wisse, wie er das anstellen wolle mit der Weltverbesserung.

Ich sagte: »Vielleicht hilft es dir, wenn ich dir von einem Mann erzähle, der allen Grund hatte, die Welt zu verbessern. Er hat die Welt von ihrer schlechtesten Seite kennengelernt. Er verlor mit etwa sechzehn Jahren seine Eltern und die kleinste seiner drei Schwestern. Er wurde gedemütigt, gefoltert, ausgebeutet und sollte durch harte Arbeit vernichtet werden.« Mein Freund erschauderte. »War er in einem Konzentrationslager?« – »Genau«, erwiderte ich, »er wurde dann mit knapper Not von den Amerikanern befreit. Zuerst war er natürlich desorientiert und musste sich mit den erlittenen Qualen auseinandersetzen. Und dann hat er sich geschworen, die Welt, die ihm das angetan hatte, nicht zu hassen, sondern sie zu verbessern.« – »Und, ist es ihm gelungen?« Er lächelte ungläubig.

Ich sagte: »Nein – und ja: Er hat es durch seine Schriften und Vorträge wenigstens versucht. Dabei fragte er sich irgendwann: ,Wo soll ich beginnen? Die Welt ist so groß. Ich werde also mit dem Land beginnen, das ich am besten kenne, mit meinem eigenen. Aber mein Land ist so groß. Ich fange doch lieber mit meiner Stadt an. Aber meine Stadt ist so groß. Am besten beginne ich mit meiner Straße. Nein, mit meinem Haus. Nein, mit meiner Familie. Ach was, ich beginne bei mir.« Mein Freund nickte. »Und wer hat diese Weisheit in die Welt gesetzt?«, fragte er. Ich sagte: »Es war der jüdische Publizist Elie Wiesel.« Ich fügte hinzu: »Es steht ja nicht in der Bibel: Verbessere die ganze Welt, sondern: Liebe deinen Nächsten wie dich selbst. Bei sich selbst anfangen, das ist das Geheimnis der Weltverbesserung.« – »Und?«, fragte mein Freund. »Tust du das?« Ich schwieg einen Moment. Dann sagte ich: »Ein Urteil darüber steht mir nicht zu. Aber eines weiß ich: Bei sich selbst anfangen, das kann man immer wieder versuchen.«

36   Erinnerung

»Gedenke der vorigen Zeiten.«

5. MOSE 32,7a

Meine Frau und ich waren im Urlaub und ließen es uns in einem Restaurant gutgehen. An einem Nachbartisch saßen ein paar ältere Herrschaften und unterhielten sich. Wir achteten nicht auf ihr Gespräch; wir hatten genug miteinander zu reden. Aber dann fiel ein Satz, der mich aufhorchen ließ. Ein schon sichtbar vom Leben gezeichneter Mann sagte: »Die Erinnerung ist das einzig schöne Paradies, das uns niemand nehmen kann.« Seine Freunde nickten nachdrücklich. »Da hast du aber ein wahres Wort gesagt!«, meinte einer. Was er vielleicht nicht wusste: Dies war ein etwas zurechtgestutztes Zitat von Jean Paul (1763–1825), dem großen klassischen Schriftsteller.

Wir aber fragten uns, wie viele schöne Paradiese das Leben diesen alten Menschen wohl schon genommen hatte. Die Einschränkungen des Alters machen bekanntlich viele Paradiese unbewohnbar. Wie viele es aber auch immer gewesen sein mögen: Dieses eine blieb ihnen, die Erinnerung daran, wie schön das Leben einmal war.

Deswegen ist es wichtig, sich Erinnerungen zu verschaffen. Das gelingt, indem man dem Leben zugewandt ist und mit wachen Sinnen das aufnimmt, was einem begegnet. So sammelt man sich einen Erinnerungsschatz an, aus dem man Stück um Stück hervorholen kann, wenn das Leben sich auf die Beschwerden des Alters oder der Krankheit reduziert hat. Natürlich gibt es auch üble Erinnerungen; aber Erinnerung vergoldet, sagt der Volksmund. Wenn wir Schwierigkeiten bei einem Ausflug hatten, habe ich oft zu meiner Familie gesagt: »Was uns jetzt Mühe macht, werden wir vergessen; was bleibt, ist die Erinnerung an das Schöne.«

Oft aber ist es nötig, gerade die Mühen und das Versagen in Erinnerung zu behalten. Das gilt nicht nur für den einzelnen. Der jüdische Autor Elie Wiesel hat gesagt: »Erinnerungen sind das Lebenselixier einer Kultur. Sie nähren Hoffnungen und machen den Menschen zum Menschen.« Fatal wäre es jedoch, wenn diese Kultur es machte wie ich es meiner Familie empfohlen hatte: »Mach es wie die Sonnenuhr, zähl die schönen Stunden nur.« Gerade Elie Wiesel bestand darauf, dass die Erinnerungen nur dann das Lebenselixier einer Kultur sind und nur dann Hoffnungen wecken, wenn Schönheit und Schrecken gleichermaßen in Erinnerung bleiben. Es macht Mühe, sich an die Verbrechen der eigenen Vorfahren zu erinnern; und viele Menschen haben das Gefühl: Jetzt reicht es aber und wir brauchen nicht mehr daran zu denken. Andere versuchen, die Erinnerungen zu verfälschen oder auszulöschen. Doch dann verliert auch das Schöne seine Bedeutung. »Gedenke der vorigen Zeiten«, sagt der Abschied nehmende Mose seinem Volk Israel. Das ist Verheißung und Mahnung zugleich.

37   Dr. Mabuse

»Du hättest keine Macht über mich,
wenn es dir nicht von oben her gegeben wäre.«
JOHANNES 19,11a

Immer wieder einmal geistert das verzerrte Gesicht des
Dr. Mabuse über den Fernsehbildschirm. Diese Gestalt wurde zum Inbegriff eines verbrecherischen Strebens
nach Macht, die ihm schließlich die ganze Welt untertan
machen soll. Dabei scheut er vor menschenverachtenden
Gräueltaten nicht zurück. Stets aber gelingt es beherzten
Gegnern, seine Machenschaften zu durchschauen und zu
durchkreuzen.

Macht, so suggerieren diese Filme, hat etwas Dämonisches, sie entfacht ein Feuer, an dem sich andere verbrennen. Das ist ein durchaus beabsichtigter mahnender Effekt,
denn viele Mächtige in dieser Welt haben unsäglich viel
Unheil angerichtet und tun das bis heute; der Schritt vom
Machthaber zum Verbrecher scheint oft nur klein zu sein.
Deshalb hat die Macht für viele ein finsteres Gesicht.

Dennoch ist es zu kurz gegriffen, von diesen Negativbeispielen her die Macht an sich zu verteufeln. Der Friedensnobelpreisträger Willy Brandt hat einmal zu seiner Frau gesagt: »Du musst doch verstehen, dass ich Macht brauche!«
Sein Wille war es, mit seiner Macht dem Frieden zu dienen.

Auch das ganz alltägliche Miteinander ist von verschiedenen Spielarten der Macht durchzogen. Der Lehrer hat
Macht über die Schüler. Der Chef hat Macht über seine

Mitarbeiter. Die Eltern haben Macht über die Kinder, jedenfalls bis zu einem gewissen Zeitpunkt. Später haben dann eher die Kinder Macht über ihre Eltern. Der Ehemann übt Macht aus über seine Frau und umgekehrt. Macht gehört zum Leben. Jeder aber, der Macht hat, muss zusehen, dass er sich nicht zum Dr. Mabuse im Kleinen entwickelt. Die Versuchung dazu ist groß, und man braucht schon eine erhebliche Macht, um ihr zu widerstehen – Macht über sich selbst.

Wer Macht hat über sich selbst, kann mit seiner Macht über andere angemessen umgehen und den Dr. Mabuse in sich selbst in Schach halten. Der jüdische Publizist Elie Wiesel hat in seiner Jugend unter den Nazis gelitten, unter Leuten, die keine Kontrolle über ihre eigenen Machtgelüste hatten. Deshalb sagt er: »Der Mensch sollte nur eine Form der Macht anstreben, die über sich selbst.« Wer die Macht hat über sich selbst, kann seine Macht so ausüben, dass sie anderen dient. Jesus geht da sogar noch weiter: »Wer unter euch groß sein will, sei euer Diener«, sagt er, »und wer unter euch der erste sein will, der sei euer Knecht« (Matthäus 20,26b f.). Und er hat gezeigt, dass das geht, vielleicht nur unter großen Opfern, aber mit dem lohnenden Ziel, dass Gott allein die Macht ausübt und kein anderer mehr.

38   Protestler

»Rede und schweige nicht!«
APOSTELGESCHICHTE 18,9b

Wenn ich morgens meinen Rechner einschalte und nach meinen E-Mails schaue, finde ich meistens zwei oder drei Mails, die mich zur Unterschrift auffordern. Die Versender schildern irgendein Problem, oft in Deutschland, oft aber auch in Brasilien oder sonst einem Land in Übersee, und sie hoffen, die in Frage kommende Sache mit einer Vielzahl von digitalen Beteiligungen lösen zu können. Meistens verstehe ich zu wenig davon, um mich daran beteiligen zu können, vor allem, wenn es sich um wirtschaftliche Probleme handelt. Manchmal rufe ich dann meinen Sohn an, der als Wirtschaftswissenschaftler davon weit mehr versteht als ich. Meistens rät er mir von der Unterschrift ab und stellt mir das Problem aus völlig anderer Sicht dar. Dann schließe ich meinen E-Mail-Account und wende mich anderen Dingen zu.

Manchmal aber brauche ich keine Zeit zum Überlegen, sondern klicke sofort den Button an, mit dem meine Unterschrift dokumentiert wird: wenn mir direkt klar wird, hier geht es um Recht und Unrecht. Hier werden Menschen benachteiligt. Hier übergehen die Herrschenden die Rechte und unterdrücken die Menschen in ihrem Land. Oft kristallisiert sich das Verhalten der Machthaber in einer einzigen Person, die es vor ihrer Heimtücke zu schützen gilt. Ich leiste also meine Unterschrift und denke gleichzeitig: Was mag das wohl nützen! Den Adressaten ist es völlig egal, ob ihr Verhalten einen Unbekannten im fernen Europa stört oder nicht, ob ich dagegen Protest einlege oder die entsprechende E-Mail einfach wegklicke. Das ist wohl richtig; aber dann denke ich: Sollen sie doch wissen, dass ihr Verhalten wahrgenommen und beurteilt wird!

Außerdem bekommt es der Leidtragende vielleicht irgendwie mit, dass es da im fernen Deutschland Leute gibt, denen sein Schicksal nicht einfach gleichgültig ist, Menschen, die es wahrnehmen, und sei es nur durch einen Mausklick auf einen Button in einer E-Mail. Das mag ihn trösten oder sogar stärken.

Auch ein wirkungsloser Protest ist wichtig; und wer sagt denn, dass ein massiver Protest nicht doch zumindest nachdenklich macht? Der jüdische Publizist Elie Wiesel jedenfalls ist der Meinung gewesen: »Es mag Zeiten geben, da wir gegen Ungerechtigkeiten machtlos sind, aber wir dürfen nie versäumen, dagegen zu protestieren.« Wer weiß, wenn es genügend Proteste gegen das sogenannte Dritte Reich gegeben hätte, vielleicht wäre diesem Autor und vielen anderen Menschen das schwere Schicksal erspart geblieben, das ihnen die damals Herrschenden angetan haben. »Rede und schweige nicht!«, sagt Gott in einem Traum zum Apostel Paulus; das gilt im Sinne der Bibel überall da, wo Menschen menschenverachtend aneinander handeln und den Willen Gottes missachten.

39   Es ist mir egal!

»Die Liebe hört niemals auf.«
1. KORINTHER 13,8a

Nirgendwo sonst wird so wirkungsvoll und kenntnisreich gestritten wie in den Familien. Man kennt die Schwachstellen, man weiß, wo man angreifen kann, man weiß, wo der andere besonders empfindlich ist. Eheleute streiten sich, Eltern streiten sich mit den Kindern, erwachsene Kinder streiten untereinander. »Das Wort ›Familienbande‹ hat einen Beigeschmack von Wahrheit«, sagt der Spötter Karl Kraus.

Manchmal sitzen sie dann vor einem Fachmann für das gute Streiten, sei es ein Psychotherapeut, ein Coach oder auch ein Pastor. Der bemüht sich dann nach Kräften, jeden zu Wort kommen zu lassen, Verletzungen zu benennen und Emotionen zu klären. Das gelingt oft auch, aber nur so lange, bis einer der beiden sagt: »Das ist mir doch alles ganz egal!« Damit hört der Streit meistens auf, und die Leute gehen schweigend nach Hause – nicht deswegen, weil sie sich versöhnt hätten. Sie haben sich einfach nichts mehr zu sagen. Ihre Beziehung ist hier gerade zu Ende gegangen.

Denn solange noch Gefühle im Spiel sind: Enttäuschung, Verachtung, ja, sogar Hass, solange ist noch Hoffnung, dass die Menschen wieder zueinander finden und weiter miteinander leben können. Das Gegenteil von Liebe ist nicht Hass; ein antiker Dichter sagt sogar: »Hassen und lieben zugleich muss ich. Warum, fragst du? Ich weiß es nicht; aber ich spüre es und es quält mich« (Catull, 84–54 v. Chr.).

Das Gegenteil von Liebe ist Gleichgültigkeit. Wenn ich nicht mehr spüre oder nicht mehr spüren will, wie meine Empfindungen mich freuen oder quälen, wenn der andere mir gleichgültig geworden ist, dann ist etwas gestorben; und an die Stelle von Hitze und Kälte tritt langweilige Lauheit. Der jüdische Publizist Elie Wiesel sagt: »Ich habe immer daran geglaubt, dass das Gegenteil von Liebe nicht Hass ist, sondern Gleichgültigkeit. Das Gegenteil von Glaube ist nicht Überheblichkeit, sondern Gleichgültigkeit. Das Gegenteil von Hoffnung ist nicht Verzweiflung, es ist Gleichgültigkeit. Gleichgültigkeit ist nicht der Anfang eines Prozesses, es ist das Ende eines Prozesses.« Ich denke dabei sofort an die harten Sätze, die der biblische Seher Johannes im Auftrag Gottes niederschreibt: »Ich kenne deine Werke, dass du weder kalt noch warm bist. Ach, dass du kalt oder warm wärest! Weil du aber lau bist, und weder warm noch kalt, werde ich dich ausspeien aus meinem Munde« (Offenbarung 3,15f.). Damit ist das Urteil über die Gleichgültigkeit gesprochen.

Oft aber wäre unter der Asche noch Glut zu finden. Zugegeben, es gelingt selten, das Feuer wieder anzufachen, aber immer wieder einmal geben die Menschen einander nicht auf, bis die unter der Gleichgültigkeit erstorbenen Gefühle wieder aufleben. Dann allerdings mag sich herausstellen, dass sich die Mühe gelohnt hat und die Menschen wieder warm werden miteinander.

40 Friedenssehnsucht

»... dass ... Gerechtigkeit und Friede sich küssen.«
PSALM 85,11b

Frieden war in unseren Breiten lange Jahre etwas Selbstverständliches. Zwar wurden immer wieder einmal Sonntagsreden gehalten, in denen die Redner den Wert des Friedens beschworen; aber Redner wie Zuhörer waren davon überzeugt, dass der Krieg in Europa endgültig besiegt war. Es gab zwar noch den kalten Krieg; aber das Vertrauen war groß, dass die Mächtigen es nicht zum Ausbruch eines heißen Krieges kommen lassen würden. Die Balkankriege galten als bedauerlicher Betriebsunfall, den man möglichst rasch wieder vergessen wollte.

Das alles hat sich gründlich geändert, seit Terroristen ihre Bomben mitten in europäischen Großstädten explodieren lassen. Wir wissen wieder, wie brüchig der Frieden ist und wie kostbar. In manchen Gottesdiensten wird am Ende das Lied Martin Luthers angestimmt: »Verleih uns Frieden gnädiglich, Herr Gott zu unsern Zeiten. Es ist ja doch kein anderer nicht, der für uns könnte streiten, denn du, unser Gott, alleine.« Lange wurde es nicht mehr mit solcher Inbrunst gesungen wie nach den Anschlägen durch den islamistischen Terror. Viele Menschen sind verunsichert; und so bringen sie ihre Friedenssehnsucht als Gebet vor Gott.

Doch muss man sich dabei vor Augen halten, dass ein Krieg kein schicksalhaftes Verhängnis ist, das wie eine

Naturkatastrophe über die Menschen kommt, sondern das Werk von Menschen. Das heißt, wenn man Frieden will, muss man die Ursachen der kriegerischen Umtriebe suchen, analysieren und möglichst beseitigen. Damit wird der Sumpf trockengelegt, aus dem heraus die giftigen Blüten des Krieges genährt werden, und der Frieden kann wachsen. Das meint auch Elie Wiesel, der wie so viele das Grauen des Zweiten Weltkrieges als jüdischer KZ-Häftling erlebt hat. Er sagt: »Frieden ist nicht Gottes Geschenk an seine Geschöpfe; Frieden ist unser Geschenk an einander.«

Dass die Menschen einander den Frieden schenken, ist ein schöner, anregender Gedanke. Bei näherem Zusehen entdeckt man allerdings, dass dieses Geschenk nicht kostenlos zu erwerben und weiterzugeben ist. Zumindest wir im reichen Westen müssen uns fragen, was wir zu den Ursachen des Krieges beigetragen haben. Ist es der aufwändige Lebensstil, den wir uns leisten? Der rücksichtslose Verbrauch von Rohstoffen, zum Beispiel in der Rüstungsindustrie? Viele Völker fühlen sich dadurch benachteiligt und ausgeplündert. Ist es ein Wunder, wenn sie sich dagegen wehren? Wenn wir wirklich Frieden schenken wollen, müssen wir Gerechtigkeit schaffen; und das wird uns vielleicht viel kosten. Die Versuchung ist groß, dann doch lieber alles so zu lassen, wie es ist, und das Geschenk des Friedens zu behalten. Helfe uns Gott, dass das nicht passiert.

41 Flachlandtiroler

>»... und betet an auf seinem heiligen Berge.«
>
> PSALM 99,9a

Als Flachlandtiroler aus dem platten Ostfriesland habe ich eine besondere Beziehung zu den Bergen. Das fing an, als ich fünfzehn Jahre alt war. Wir machten eine Klassenreise nach Heilbronn. An einem Nachmittag fuhren die beiden Lehrer, die uns begleiteten, nach Stuttgart, um dort das kulturelle Programm vorzubereiten. Ich beschloss, die Zeit für eine Wanderung zu nutzen und begab mich in die Weinberge rund um Heilbronn. Ich stieg hinauf und genoss den Blick über die Weinberge und die Wälder auf den Höhenrücken. Das Gefühl von Größe, ja, von Erhabenheit erwachte. Unwillkürlich kamen mir die Verszeilen von Joseph von Eichendorff in den Sinn: »Wer hat dich, du schöner Wald, aufgebaut so hoch da droben.« Als ich nach Stunden zurück in die Jugendherberge kam, hatte der Nachmittag für meine Klassenkameraden ein übles Ende genommen. Sie waren betrunken und hatten randaliert. Ich erzählte niemandem von meinem Erlebnis. Es reichte, dass ich nicht zu den Übeltätern gerechnet wurde, um mich reichlich unbeliebt zu machen.

Jahre später wurde auch mein langes Werben um die Alpen von Erfolg gekrönt. Vorher war es wie verhext: Immer wenn ich die Grenze zu den Alpenländern passierte, regnete es oder es war neblig. Aber dann hatte ich endlich Glück und ich saß auf einem Berg mit Blick auf einen Gebirgszug in den italienischen Dolomiten. Das war nun weit großartiger und erhabener als die Weinberge um Heilbronn herum. Ich schaute mich um in der Runde der ehrwürdigen Gipfel; und der Gedanke kam auf: Du musst diese Landschaft auswendig lernen. Ich wollte sie immer wieder vor mein inneres Auge rufen können. So schweifte mein Blick viele Male über die Höhen und Tiefen der Dolomiten, begierig, auch das kleinste Detail nicht wieder zu verlieren.

Diesmal war es nicht Eichendorff, den ich innerlich vernahm, sondern die Bibel. »Ich hebe meine Augen auf zu den Bergen«, klang es in mir, »woher kommt mir Hilfe? Meine Hilfe kommt von dem Herrn, der Himmel und Erde gemacht hat« (Psalm 121,1.2). Ich weiß, dass die Gebirge im Lauf jahrtausendelanger Katastrophen vor undenklich langer Zeit entstanden sind, und ich fühle mich immer sehr winzig, wenn ich daran denke. Für mich aber zeigen die ungeheuren Ausmaße der Berge und die lange Zeit, die zu ihrer Entstehung nötig war, die Größe des Schöpfers.

Zu dem Gefühl der Winzigkeit kommt das der Dankbarkeit. Ich bin dankbar dafür, dass derselbe Gott, der durch die Jahrtausende hin die Berge und Täler geschaffen hat, mir seine Hilfe zuteilwerden lässt. Sicherlich nicht so, dass ich vor den Ängsten und Katastrophen dieses Lebens bewahrt bliebe. Aber doch so, dass ich mein Leben in den gütigen Händen dessen weiß, der Himmel und Erde gemacht hat, die Berge und auch mich.

42   Der Garten

»Du wirst sein wie ein bewässerter Garten.«
JESAJA 58,11b

Der Garten ist nicht mein liebster Ort, vor allem dann nicht, wenn es etwas darin zu tun gibt. Das weiß ich, seit ich einmal einen Schrebergarten hatte. Am Anfang geht ja immer noch alles ganz gut, alles Neue besitzt eine gewisse Attraktivität. Aber so nach und nach merkte ich, dass ich an den Händen Schwielen bekam und im Kreuz Verspannungen. Die Besuche in meinem Schrebergarten wurden von Tag zu Tag aufgeschoben. Meine Frau gab sich redlich Mühe, mich davon zu überzeugen, dass der Garten mich dringend brauchte. Ich versuchte, meinen und ihren Ansprüchen gerecht zu werden, aber es reichte nicht. Zudem wollte der Gartenverein auch noch einen Preis gewinnen!

Es kam, wie es kommen musste: ein blauer Brief mit der Mitteilung, meine Vorstellungen von einem Garten würden sich mit denen des Vereins nicht decken. Ich möge bis dann und dann den Schlüssel da und da abgeben. So ein Brief ist nie angenehm. Letztlich aber war ich erleichtert, dass ich den »blöden Garten« nun nicht mehr aufzusuchen brauchte.

Manchmal denke ich aber mit Freude an meinen alten Garten zurück. Ich vermisse die helllila Thymiankissen, die dunkelblauen Blüten des Ysops, das lustige Gewirr der Kapuzinerkresse mit den gelben und orangefarbigen Blüten, die behaarten Blätter des Gurkenkrautes und die herbe Würze des Estragons. Meine Kräuter liebte ich.

In der Bibel ist der Garten ein heiliger Ort. Die erste Arbeit des frisch geschaffenen Menschen war im Garten Eden, dem Paradies. Wahrscheinlich litt Adam noch nicht unter Schwielen und Kreuzschmerzen. Im Hohen Lied ist der Garten der Ort, in dem Braut und Bräutigam sich liebevoll umarmen. Im Garten Gethsemane kämpft Jesus seinen Kampf, um Ja sagen zu können zu seinem bevorstehenden Tod am Kreuz. Die höchste Würde aber empfängt ein Garten in der Nähe von Golgatha, wo Jesus gekreuzigt wurde. In diesem Garten ist ein Grab, in das Jesus hineingelegt wird. So wird der Garten bei Golgatha zum stillen Schauplatz der verzweifelten Beisetzung Jesu, dem man doch die Rettung des Volkes Israel zugetraut hatte.

In diesem Garten sucht ihn Maria aus Magdala, die Frau, die Jesus wohl am meisten geliebt hat. Tränenverschleiert sieht sie einen Mann und hält ihn für den Gärtner; und sie fragt ihn, wo er den geliebten Toten hingetragen habe. Es genügt ein Wort: »Maria!« – und sie erkennt, wer er ist: der, den sie wie keinen anderen liebt und den sie wie keinen anderen gesucht hat. Derselbe Garten, der vorher so große Verzweiflung sah, wird der Ort fassungsloser Freude: Jesus begegnet Maria aus Magdala und beauftragt sie, den Jüngern zu sagen: Jesus ist auferstanden.

Seitdem hat jeder Garten, auch wenn er Mühe und Arbeit macht, Anteil an dem Geheimnis Christi, seinem Tod und seiner Auferstehung.

43 Duft und Vogelgesang

»Die Bäume des Herrn stehen voll im Saft.«

PSALM 104,16a

Der Wald hat eine große Anziehungskraft. Jeden Sonntag bevölkert er sich mit Kinderwagen, Fahrrädern, Skateboards, Scootern, Rollatoren und Fußgängern. Die Luft ist frisch und wohlriechend, der Schatten des Laubes schützt wohltuend vor den Sonnenstrahlen, Vögel zwitschern und singen, und ab und zu huscht etwas in der Nähe vorüber – war es ein Hase, ein Marder? Am Waldesrand wartet dann meistens ein Gasthaus, in dem die Kinder Limonade und die Eltern Bier oder Kaffee trinken können. Ein schöner Nachmittag ist vergangen.

Als die Wälder noch größer und wilder waren, galten sie als unheimlich. Die Wege waren nicht asphaltiert, sie waren manchmal kaum zu erkennen. Die Tiere, die den Wald bevölkerten, waren nicht nur possierlich; es gab Bären und Wölfe. Die konnten die wenigen Reisenden in große Gefahr bringen. »Im Wald, da sind die Räuber«, heißt es in einem Volkslied. Raubritter, Diebe, Totschläger, im Wald fanden sie Zuflucht und leichte Beute. Im Märchen war der Wald meistens ein Ort des Grauens, man denke nur an Hänsel und Gretel, die im Wald beinahe einer Hexe zum Opfer fielen, bis sie den Spieß umdrehten.

Erst im Laufe der Zeit wurde der Wald sozusagen romantisiert. Nun begannen die Dichter, sein Rauschen zu vernehmen und zu schätzen, sie liebten das Geheimnis, das er zu bergen schien. Auch heute genießt der Wald höchste Wertschätzung, obwohl er wiederum eine Wandlung durchgemacht hat. Er ist zu einem Wirtschaftsfaktor geworden. Man kann Geld damit verdienen, wenn man das Holz schlägt, verarbeitet und verkauft. Die Wälder müssen deshalb leicht zu bearbeiten sein, Monokulturen breiten sich aus, der Wald wird gleichförmig. Er ist ärmer geworden. Nur in einigen wenigen Gegenden lässt man ihn wieder wild wachsen. Zudem ist der Wald gefährdet durch den sauren Regen, den wir durch unseren Lebensstil hervorgerufen haben, und durch den Kahlschlag vor allem in den Wäldern Asiens und Lateinamerikas. Nüchtern betrachtet bietet der Wald kaum noch Anlass zum emotionalen Höhenflug.

Immer noch aber ist der Wald für mich ein Zeichen göttlicher Schöpfungskraft. Wo die Natur sich selbst überlassen bleibt, dehnt sich bald der Wald aus. Jeder Baum ist voller Lebenswillen; die Gemeinschaft der Lebewesen, die zusammen den Wald bilden, ist ein unbändiger Hymnus des Lebendigen. Auch der Mensch gewinnt dadurch das Leben. Denn ohne den Wald gäbe es weder Mensch noch Tier. Jedes Blatt ist an der Herstellung des Sauerstoffs beteiligt, der uns atmen und leben lässt. »Alles, was Odem, was Atem hat, lobe den Herrn«, sagt ein Wort aus den Psalmen (Psalm 150,6). Der schattenreiche Wald mit seinem köstlichen Duft und seinem Vogelgesang macht es leicht, in das Lob Gottes einzustimmen.

44   Die Wiese

>»Was ist der Mensch, dass du seiner gedenkst?«
PSALM 8,5A

Dies hier«, sagte die junge Frau, die uns durch die Landesgartenschau führte, »ist das Meisterstück Gottes.« Wir schauten sie ratlos an. Vorher hatten wir blühende Gärten gesehen, Rosenspaliere hatten uns begleitet, Farben und Formen mannigfaltigster Art hatten uns beglückt. Nun aber zeigte die junge Frau auf nichts anderes als ein Stückchen Wiese. Sie fuhr fort: »Ja, da wundern Sie sich, meine Herrschaften, aber es ist so: Allein auf diesem kleinen Wiesenstück gibt es mindestens fünfzig Pflanzenarten; vielleicht sind es noch mehr. Sehen Sie, wenn wir Menschen etwas gestalten, muss immer alles schön gerade sein, einfarbig, durchgestylt, kurz: armselig. Wenn wir aber den Schöpfer eine Wiese gestalten lassen, wird sie vielfältig, vielfarbig und ein bisschen chaotisch. Wie das Leben. Und überhaupt: Dieses kleine Chaos bietet unzähligen Lebewesen einen gedeckten Tisch. Auf unseren Beeten und Rabatten würden sie keine Nahrung finden.«

Damit war die Führung beendet, wir klatschten Beifall. Vielleicht geht es anderen auch so wie mir: Ich sehe seither eine Wiese mit völlig anderen Augen als zuvor. Ich bewundere den Reichtum, der wie aus einem Füllhorn über eine Weise ausgeschüttet ist. Wenn die Wiese ungedüngt ist, trägt sie Blüten in vielen Farben, weißen und roten Klee, gelben Löwenzahn und die vornehme Butterblume, die dumpfen Rispen des Sauerampfers, hin und wieder das Himmelsblau einer Kornblume, und – Krönung des vielfarbigen Bildes – den leuchtenden Mohn. Diese und viele andere Farben sind eingebettet in eine Symphonie aus Grüntönen. Über alledem schwebt ein zarter Geruch nach Erde, nach Honig, nach Gras. Die Luft ist erfüllt vom Summen und Zirpen der Insekten und der Vögel.

Wahrhaftig, die junge Frau hatte recht: Diese Vielfalt der Sinneseindrücke ist überwältigend und ein beredtes Zeugnis für den Reichtum Gottes, aus dessen Hand die Wiese kommt. Kein Grashalm gleicht dem anderen, keine Blüte ist so wie die andere; jedes Detail ist individuell gestaltet in einem Formenreichtum, der weit über das hinausgeht, was Menschen sich erträumen und erdenken können. Wo wir die Wiederholung lieben, die möglichst lange Staffelung derselben Blumen, derselben Bäume, derselben Autos, derselben Uniformen, derselben Menschen, da liebt Gott die Unterschiede.

Das kann man auch am Menschen sehen. Ich weiß nicht, wie viele Menschen es auf der Erde schon gegeben hat und wie viele noch kommen werden; aber eines ist sicher: Kein menschliches Gesicht, kein menschliches Schicksal gleicht dem anderen. Sogar eineiige Zwillinge unterscheiden sich, zumindest in ihrem Fingerabdruck. Jeder Mensch ist ein einzigartiges Gewächs auf der Lebenswiese Gottes. Anders aber als für den Bauern, für den die Wiese schlimmstenfalls nicht viel mehr ist als das Winterfutter für sein Vieh, ist für Gott jeder einzelne Mensch unverzichtbar und mit unüberbietbarer Würde ausgestattet.

45 Sternenhimmel

»Kannst du die Bande
des Siebengestirns zusammenbinden
oder den Gürtel des Orion auflösen?«

HIOB 38,31

Wir liegen auf dem Rücken und schauen in den Himmel. In der klaren Nacht leuchten unzählige Sterne; strahlende, funkelnde Lichtpunkte in verschwenderischer Fülle. Sogar das zarte Band der Milchstraße schimmert auf dem schwarzen Samt der kosmischen Dunkelheit. Einen solchen Sternenhimmel haben unsere Kinder aus der Großstadt, mit denen wir eine Zeltfreizeit unternehmen, noch nie gesehen; dort, wo sie wohnen, überstrahlen die Straßenlaternen das Funkeln aus dem Weltenraum. So bleiben die jugendlichen Plappermäuler für eine Weile geschlossen. Und ihre Augen werden groß. Doch bald ist der Bann gebrochen: Cool! Sie kriechen in die Zelte zurück, schwatzen noch ein wenig, und ich höre nur noch ihre tiefen Atemzüge.

Ich wende meinen Blick wieder dem Himmel zu. Ein Hauch von Unendlichkeit weht mich an. Ich nehme das Fernglas; neue, andere Lichtpunkte werden sichtbar. Ich bin kein Astronom; ich kenne den Großen Wagen, die Kassiopeia und den Orion. Das ist schon alles. Ich kenne von den vielen Sternen, die ich sehe, nicht einen einzigen. Das macht aber nichts; jeder Name wäre unzureichend vor der Größe dieser Sternennacht. Er würde nur den Anschein erwecken, als sei das Unnahbare doch greifbar und verfügbar.

Unter dem Unverfügbaren zu leben, das ist ein Wunder. Und es ist zugleich eine Last. Wie kann man sich den Alltagsgeschäften zuwenden, wenn man weiß: Da oben existiert das Wunder der Sternenwelt? Und doch, so schwer es uns fällt: Wir müssen zurückfinden in unser Alltagsleben, zu unserem Broterwerb und den oft so kleinlichen Streitereien. Jedoch wissen wir nach einer Sternennacht wie dieser, dass es über dem Gewöhnlichen des täglichen Lebens noch dieses gibt: dass wir beglänzt und geborgen sind unter einem glitzernden und funkelnden Sternenhimmel.

Es ist wie bei Abraham, dem Vater zweier Völker und dreier Religionen. Auf seiner Reise in ein unbekanntes Land ist er plötzlich ziemlich deprimiert; und er fragt: Was soll das eigentlich? Ich habe ja nicht einmal Kinder, denen ich das neue Land vererben könnte. Gott antwortet ihm: Sieh hinauf zu den Sternen. Sie sind unzählbar. So unzählbar werden deine Nachkommen sein. Dieser Blick nach oben, der durch Gottes Verheißung zugleich ein Blick nach vorne ist, lässt Abraham weitergehen, seiner Vernunft und seiner Verzagtheit zum Trotz.

Der Blick in die Sterne war notwendig, um neue Perspektiven zu eröffnen und neuen Antrieb zu geben. Wer diesen Blick wagt, kann dann und muss dann auch den Weg weitergehen, der ihm aufgegeben ist. Er kann dies tun unter der göttlichen Verheißung: So wie die Sterne über dir funkeln und glitzern in einem unermesslichen Lichtermeer, so will ich dir und deinem Leben Glanz und Leuchtkraft verleihen, wenn auch manchmal gegen jeden Augenschein.

46   Der Dreiklang

Es ist wie mit einem Dreiklang. Ich höre drei verschiedene Töne, aber diese drei Töne sind aufeinander bezogen und bilden einen einzigen, volltönenden Klang. Der Grundton ist der Respekt vor dem anderen Menschen, die Anerkennung seiner menschlichen Würde und Freiheit. Der zweite Ton ist die Freundschaft zu einem Menschen meiner Wahl, denn uns verbinden Treue, Vertrauen und Zuneigung. Und der dritte Ton dieses Dreiklanges ist die Liebe, die mich mit einem anderen Menschen auf innigste Weise eins werden lässt.

Dieser Dreiklang in seinen verschiedenen Variationen, den der deutsche Sprachgebrauch Liebe nennt, macht das Leben erst lebenswert. Die Terz und die Quinte, Freundschaft und erotische Liebe, gehören in die Privat- und Intimsphäre eines jeden Menschen; der Grundton aber, die Anerkennung des anderen als geliebtes Geschöpf Gottes, ist nach christlichem Glauben der Maßstab des Zusammenlebens zwischen den Menschen schlechthin.

Doch mein inneres Gefühl suggeriert mir oft: Es ist zu anspruchsvoll mit der Liebe in einer Welt, die Egozentrismus und Gleichgültigkeit geradezu in den Rang von Tugenden gerückt hat. Ich schaffe das einfach nicht mit der Liebe. Wir lieben vielleicht uns selbst, aber sogar das ist nach den Erkenntnissen der Psychologie schon zweifelhaft. Wir lieben vielleicht unsere Familienangehörigen; aber eine

Studie besagt, dass etwa siebzig Prozent aller Deutschen ihre Familienangehörigen nicht einmal besonders sympathisch finden. Wie aber soll ich da auch noch den Nachbarn lieben, der mir das Leben mit seinen Ansprüchen sauer macht? Und wie es mit den Menschen ist, die uns noch ferner stehen, da mag jeder selbst erkennen, ob und wie oft er daran gescheitert ist. Vielleicht liegt das daran, dass die Liebe in der Regel zwei Komponenten hat: gewähren und begehren. Ich gebe dir, damit du mir gibst. Und wenn es keine Aussichten dafür gibt, dass du mir gibst, warum soll ich dir dann geben?

Bei Jesus Christus hört sich der Dreiklang der Liebe noch einmal ganz anders an. Er legt uns nahe, gerade die Menschen zu lieben, von denen wir keine Gegengabe zu erwarten haben. Denn bei ihm ist nicht das Begehren der Beweggrund des Liebens. Sondern im Sinne Christi lieben wir, weil wir geliebt sind. Die Gegengabe für unsere Mühe, den andern zu lieben, haben wir sozusagen auf Vorschuss schon erhalten: von Christus. Deshalb kann der Liebende sich selbst bisweilen getrost vergessen und sich ausrichten auf die Bedürfnisse und die Not des anderen. Das jedenfalls bezeugt der evangelische Theologe und Widerständler gegen Hitler, Dietrich Bonhoeffer. Er hatte die Größe, mitten in den Wirren der Nazizeit über die Liebe nachzudenken: »Weil geistliche Liebe nicht begehrt, sondern dient, darum liebt sie den Feind wie den Bruder, entspringt ja weder am Bruder noch am Feind, sondern an Christus und seinem Wort.«

Mit anderen Worten: Wenn wir aufmerksam Christus und seinem Wort lauschen, hören wir den wunderbaren Dreiklang der Liebe in ihm.

47 Die Ballonfahrt

»Spräche ich: Finsternis möge mich decken
und Nacht statt Licht um mich sein –,
so wäre auch Finsternis nicht finster bei dir.«

PSALM 139, 11.12a

Wenige Tage nach meinem fünfzigsten Geburtstag löste ich den Gutschein ein, den mir meine Frau geschenkt hatte: eine Fahrt mit dem Heißluftballon. Nach dem aufwändigen Aufblasen erhob sich der Ballon in die Luft, und in der Gondel saßen der Ballonführer und vier andere Männer, die ebenfalls einen Gutschein einzulösen hatten. Es war ein großartiges Erlebnis, dieses Schweben über der schönen schwäbischen Landschaft.

Wenn ich aber gedacht hatte, dass die Fahrt sozusagen in schwebender Lautlosigkeit vonstattenginge, hatte ich mich getäuscht. Nicht nur musste alle paar Minuten die Luft mit einem lautstarken Brenner erhitzt werden, damit der Ballon überhaupt oben blieb. Fast ununterbrochen schnarrte zudem das Funksprechgerät, mit dem der Ballonführer den Kontakt mit seiner Frau in dem grünen Kombi hielt, die unserem Ballon irgendwo unter uns auf den gewundenen Straßen des Albtraufes folgte. Nur wenige Augenblicke lang war es völlig still, nur wenige Augenblicke stellte sich das Gefühl ein, losgelöst zu sein von allem Geräuschhaften dieser lauten Welt. Das waren für mich die eigentlich kostbaren Momente dieser Fahrt. Am Ende wurde mir dann ein Zertifikat ausgestellt, auf dem mir bescheinigt wurde, ich sei ein stiller Genießer. Aber der Genuss der himmlischen Stille war gebunden an den Kontakt zur lauten Erde.

So ähnlich ist es mit dem christlichen Glauben auch: Es gibt sie, die Momente der Stille, des Schweigens, der Ergriffenheit – aber nur selten. Ein Gottesdienst kann so einen Moment enthalten, ein Gespräch, ein Gebet. Aber diese Hochgefühle wechseln sich allzu oft ab mit Erfahrungen des Gewöhnlichen, aber auch der Tiefe, des Schmerzes und des Versagens. Wer davon absieht und nur noch in lichte Höhen entschwebt und den Kontakt zum richtigen Leben verliert, verpasst einen wesentlichen Bezugspunkt des christlichen Glaubens. Denn nur im richtigen Leben entscheidet sich, wie tragfähig das Heilige wirklich ist.

Der christliche Glaube befasst sich deshalb mit den ganz realen irdischen Bedingungen meines Lebens. Er befasst sich mit mir, wenn ich gegenüber den Geboten der Nächstenliebe versage. Er befasst sich mit meiner Ratlosigkeit und meinen Zweifeln. Gerade dann, wenn ich unsanft auf der harten Erde meiner allzu menschlichen Existenz lande, beweist er seine Kraft. Denn Gott selbst hat sich in Christus der Erde zugeneigt. Damit hat er das irdische Leben geheiligt, und das eben nicht nur in seinen lichten und in den nahezu vollkommen scheinenden Augenblicken des Glücks. Gerade in den Untiefen und Abgründen unseres Lebens ist Gott. »Nur durch die Tiefen unserer Erde, nur durch die Stürme eines Menschengewissens hindurch eröffnet sich der Blick auf die Ewigkeit«, sagt der evangelische Theologe und Märtyrer Dietrich Bonhoeffer.

48   Honig, über die Finger laufend

»... wie der Herr euch vergeben hat,
so vergebt auch ihr!«
KOLOSSER 3,13b

Ich will mir zum Frühstück mal wieder die Laune verderben. Gib mir mal die Zeitung«, sagte ich zu meiner Frau. Was ich da las, war in der Tat dazu angetan. Die Fülle an schlechten Nachrichten war schier erschlagend. »Möchtest du noch Kaffee?«, fragte meine Frau. Ich faltete die Zeitung zusammen, nickte und griff in den Brötchenkorb. Vergessen waren die Schreckensmeldungen. Dass mir der Honig nicht über die Finger lief, war jetzt wichtiger als die Hungersnot in Afrika und die Gefahren der Überbevölkerung. Man mag einwenden, das sei ganz normal; wer könne schon den ganzen Tag an alles Unglück dieser Welt denken und dabei noch seinen Lebensmut behalten? Außerdem könnte ein verantwortliches Leben ja bedeuten, dass jeder auf viele technische Annehmlichkeiten verzichten müsste. Wer denkt schon gern an so etwas? Diese weit verbreitete Verdrängung trägt dazu bei, dass die Menschheit sich nicht mit vereinter Kraft für das Leben der Welt einsetzt.

Schon in den Zeiten, die durch den Zweiten Weltkrieg und den Terror der Nazidiktatur wirklich katastrophal waren, hat der Theologe Dietrich Bonhoeffer diese Problematik erkannt und darüber nachgedacht. Und seine Worte enthalten eine Kraft, die mich noch heute bewegt und ermutigt: »Dass heute kein Mensch der Gegenwart offen ins

Auge sehen kann und zugleich Kraft für zukünftige Aufgaben haben kann, der nicht an den Schöpfer – und den Erlöser – glaubt, das ist meine feste Überzeugung«, sagt Bonhoeffer über die Gefährdungen der Gegenwart ebenso wie von zukünftigen Aufgaben, die auf uns warten.

Aber woher die Kraft nehmen, der Versuchung des bequemen Wegschauens zu widerstehen? Bonhoeffer verweist auf den Glauben an Gott. Nicht wir sind es, die die Welt geschaffen haben und immer neu schaffen. Nein, Gott ist es, dem der Kosmos das Dasein verdankt, heute und morgen. Gott ist es, der die Schöpfung trotz aller menschlicher Schuld und allem menschlichen Scheitern in seiner Hand hält. Das ist eine ungemein entlastende Einsicht; sie befreit mich von der ungeheuren Überforderung, Schicksal und Sein der Welt liege mit in meiner Hand.

Mehr noch, wenn Gott auch der Erlöser ist, wie Bonhoeffer meint, dann kann er der Welt Zukunft geben durch die Schuld und durch das Scheitern der Menschheit hindurch – nicht so, als sei dieses belanglos und nicht weiter wichtig; das wäre eine billige Vertröstung. Aber doch so, dass der Mensch und mit ihm die Menschheit um Vergebung der Schuld bitten kann und um die Gewährung eines neuen Anfanges. Diesen neuen Anfang können wir dann auch uns und unseren Mitmenschen zutrauen, wenn wir bereit sind, selbst Vergebung und einen neuen Anfang zu gewähren. Das, so haben einschlägige Erfahrungen immer wieder gezeigt, ist eine der Voraussetzungen dafür, dass wir eines Tages die Zeitung aufschlagen und vor Jubel nicht mehr darauf achten, ob uns der Honig über die Finger läuft.

49 Das blaue Buch

»Du tust mir kund den Weg zum Leben.«

PSALM 16,11a

Das Wartezimmer war ziemlich voll. Eine schon nicht mehr ganz junge Mitpatientin langweilte sich und griff nach den wenigen zerfledderten Zeitschriften, die noch unbenutzt herumlagen. Keine davon interessierte sie. Auch das blaue Buch, das danebenlag, überging sie. Ich nahm es in die Hand, es war eine Bibel. »Versuchen Sie es doch einmal damit!«, empfahl ich ihr. Sie schaute das Buch an, schaute mich an, schüttelte den Kopf und sagte: »Ach nein, wissen Sie, ich will noch nicht sterben.« Mir verschlug diese Antwort für einen Augenblick die Sprache. Ich machte mir dann bewusst, dass die Bibel tatsächlich vielen Menschen nur noch in Zusammenhang mit dem Tod begegnet, nämlich, wenn sie anlässlich einer Bestattung einem Trauergottesdienst beiwohnen. Dort gehört eine Bibel geradezu zu den Insignien des Pfarrers, der die Bestattung leitet. Er liest aus ihr schwere und schwer verständliche Texte über Leiden, Sterben und Tod vor. Kein Wunder, dass die Dame glaubte, mit der Bibel in der Hand dem gefürchteten Unvermeidlichen zu begegnen. Ich meinte zwar, ich müsste die Bibel gegen das Vorurteil, sie sei ein Totenbuch, verteidigen und sagte noch: »Aber das ist kein Buch zum Sterben, das ist ein Buch zum Leben.« Doch sie zuckte nur mit den Schultern.

Was hätte die Frau erst von der Überzeugung des evangelischen Theologen und mutigen Märtyrers im deutschen

Widerstand, von Dietrich Bonhoeffer, gehalten?! Der behauptete nämlich: »Das Leben ist Gottes Ziel mit uns«, und er war davon überzeugt, dass die Bibel von diesem Leben berichtet und es geradezu anbietet. Als bibelfester Theologe wusste Bonhoeffer natürlich, dass damit zunächst durchaus das Leben hier und jetzt gemeint ist. Freude, Liebe, Lust und Genuss sind für die Menschen in der Bibel wie auch für die, die sich an die Bibel halten, überaus erstrebenswerte Dinge; und ein langes irdisches Dasein gehört zu den guten Gaben Gottes. Gott will das Leben, und er will deshalb auch, dass der Mensch es pflegt und erhält.

Aber Bonhoeffer meint mit seinem Satz: »Das Leben ist Gottes Ziel mit uns« natürlich weit mehr als das sichtbare, biologische Leben. Das Leben, das Gott als Ziel für den Menschen ausersehen hat, besteht gerade für Bonhoeffer nicht allein in der Befriedigung menschlicher Bedürfnisse. Dieses Leben ist Gemeinschaft, und zwar nicht nur Gemeinschaft mit den Menschen, sondern Gemeinschaft mit Gott. Schon die Gemeinschaft mit Menschen gibt dem Leben eine große Intensität und Lebendigkeit. Umso mehr übersteigt die Gemeinschaft mit Gott, die Bonhoeffer an allen Orten predigte, menschliche Möglichkeiten und Begrenzungen. Sie übersteigt sogar die Grenzen von Raum und Zeit, von Tod und Leben. In dieser Gemeinschaft beginnt ein Leben, das sogar der Henker von Flossenbürg, der Bonhoeffer hinrichtete, nicht beenden konnte. »Dies ist das Ende – für mich der Beginn des Lebens.« So sah Bonhoeffer seinen letzten Schritt zur Hinrichtung – für ihn führte er hin zum Leben.

50 Querstand

»Wir wissen aber, dass denen, die Gott lieben,
alle Dinge zum Besten dienen, denen,
die nach seinem Ratschluss berufen sind.«

RÖMER 8,28

Nach zehn Jahren« nannte der evangelische Märtyrer des Widerstandes Dietrich Bonhoeffer seine Notizen, die er anlässlich des zehnjährigen Bestehens des Naziregimes verfasst hatte. Er versteckte sie noch rechtzeitig hinter einem Dachbalken des Hauses, in dem er wohnte, bevor er am 5. April 1943 von den Nazis abgeholt wurde. Es handelt sich dabei um eine Abrechnung mit den Gräueln der braunen Machthaber. Mit Staunen liest man dabei einen Satz, der so quer zu den Ereignissen dieser zehn Jahre steht, dass einem den Atem stockt: »Ich glaube, dass Gott aus allem, auch aus dem Bösesten, Gutes entstehen lassen kann und will. Dafür braucht er Menschen, die sich alle Dinge zum Besten dienen lassen.«

Mit dem Bösesten sind die Verbrechen der zehn Jahre unter Hitler gemeint: die Reichspogromnacht am 9. November 1938, die Überfälle auf europäische Staaten, die Wannseekonferenz, auf der die Ermordung von sechs Millionen Juden beschlossen wurde. Was kann aus diesem Bösesten Gutes erwachsen? Was immer man da benennt: Ein freies Europa, oder ein freier Staat Israel – sind das nicht Beschwichtigungen? Versuche, das Grauen jener Jahre zu beschönigen?

Bonhoeffer selbst hat diesen Satz allerdings nicht aus der sicheren Burg einer Kirche oder einer Universität in einer Zeit nach dem Geschehen geschrieben. Das ist kein Resümee in einer abgeklärten Situation nach dem Kampf, sondern eine Suche nach Sinn und Hoffnung mitten in der Todesgefahr. Dass Gott noch aus dem Bösesten Gutes entstehen lassen kann und will, das ist kein Lehrsatz, sondern ein Bekenntnis, das Bonhoeffer vor sich selbst ausspricht, um in der Not und Aussichtslosigkeit von zehn Jahren Nazidiktatur nicht zu verzweifeln. Und nur so – als Bekenntnis und Trostwort in einer trostlosen Situation – hat dieses Wort Sinn und Berechtigung.

Und so ist es auch immer noch gültig. Denn immer noch überziehen Völker einander mit Krieg. Immer noch sind Überfälle, Morde und Attentate Alltag in unserer Welt. Immer noch leiden Menschen Hunger und sterben am Mangel, Kinder vor allem. Und immer noch stellt sich für viele Leidende und für die, die ohnmächtig zusehen müssen, die Frage: Wozu das alles? Und grundsätzlicher noch: Wo ist Gott? Warum bleiben Gebete ungehört? Manch einer könnte wohl verzweifeln oder zum gefühllosen Zyniker werden, wenn es nicht diese tief begründete Hoffnung gäbe: Mitten in der Sinnlosigkeit der Welt stiftet Gott den Sinn, mitten in der Trostlosigkeit tröstet er, und mitten im Bösesten dieser Welt richtet er das Gute auf, das die Bosheit dieser Welt überwindet.

51   Lagerfeuer

»Der Herr ist treu.«

2. THESSALONICHER 3,3a

Nehmt Abschied, Brüder, ungewiss ist alle Wiederkehr, die Zukunft liegt in Finsternis und macht das Herz uns schwer.« Dieses Lied habe ich in meiner Jugendzeit oft mehrmals am Tag gespielt und gesungen. Später erfuhr ich, dass mein Lieblingslied eine internationale Hymne der Pfadfinderschaft ist und immer zum Abschied am Lagerfeuer gesungen wird.

Was macht dieses Lied so anrührend? Einmal ist es natürlich die Melodie, die das Herz erwärmt. Dann aber, zumindest in der deutschen Fassung von Claus Ludwig Laue, enthält es das stille Versprechen: Wir wissen nicht, was kommt; die Zukunft ist ungewiss. Aber wir bleiben Brüder, wir sind einander treu. In dieser Treue, in diesem Miteinander ruhen wir in Gottes Hand, auch wenn wir wie in diesem Lied einander Lebewohl, auf Wiedersehen sagen müssen.

Das ist nicht selbstverständlich. Wir wissen nicht, was kommt. Wir wissen nur, was gewesen ist, und wir ahnen, welche Bedeutung die Gegenwart haben könnte. Aber bereits in der nächsten Sekunde kann alles ganz anders werden, und kein Mensch weiß, ob dann noch irgendetwas so sein wird, wie es vor Kurzem noch war.

Also werfen wir unsere Terminkalender in das Altpapier und benutzen die Ergebnisse unserer Konferenzen als Brennstoff? Durchaus nicht. Dass es unvorhersehbare

Veränderungen gibt, ist klar; aber die Grundbedingungen des Lebens bleiben nach aller Voraussicht dieselben. Das liegt daran, dass Gott seiner Schöpfung treu bleibt. Seine Treue wird uns auch morgen begleiten. »Solange die Erde steht, soll nicht aufhören Saat und Ernte, Frost und Hitze, Sommer und Winter, Tag und Nacht« – so verheißt es Gott nach Ende der Sintflut.

Unter dieser Zusage gestalten wir die Gegenwart auf eine Weise, dass für zukünftige Verhältnisse eine Schneise geschlagen wird. In diesem Rahmen können und müssen wir unsere Pläne erstellen und Termine festlegen. Wir können und müssen das Unsere dazu tun, dass die Zukunft das enthalten wird, was wir für unser Leben und das Leben der Menschen um uns herum brauchen.

Die Gemeinde Jesu jedenfalls ist auf Zukunft hin angelegt. Sie bleibt nicht bei dem stehen, was gestern galt, sie verharrt auch nicht bei dem, was sie heute belastet. Sie wartet auf ihren Herrn, auf den kommenden Jesus Christus. Mit diesem Herrn öffnet sich die unabsehbare Zukunft Gottes, die bei aller Ungewissheit doch ganz bestimmt eines enthält: die umfassende, unfassbare Liebe Gottes, die niemals aufhört.

Unter diesem Horizont macht die Zukunft unser Herz nicht mehr schwer, wie es in dem Lied heißt, sondern lässt es fröhlich springen. So können wir aller Unsicherheit trotzen und unser Werk tun in der Gewissheit: Der, der war, ist derselbe, der heute ist und morgen sein wird: Jesus Christus, unser Herr.

52 Du hast auf mich gewartet

»Die Liebe ist langmütig.«

1. KORINTHER 13,4a

Ja, du hast auf mich gewartet, zu Hause. Du wusstest, es war eine lange Reise, die ich bis dorthin noch vor mir hatte. Du wusstest aber nicht, dass wir erst viel später aufbrechen konnten, als wir es geplant hatten. Die Studierenden dort in der Ferne konnten sich einfach nicht aufraffen, einander Lebewohl zu sagen. Sie waren so begeistert von der internationalen Begegnung, sie waren so in ihren Gesprächen vertieft; ich denke, es waren auch zärtliche Worte dabei, die die Studentinnen und Studenten einander ins Ohr flüsterten. Wir konnten schier nicht aufhören, miteinander das Lied zu singen: »Komm, lass diese Nacht nicht enden …« Sie durfte aber noch nicht einmal anfangen, diese Nacht, denn am nächsten Morgen, es war ein Sonntag, hatte ich Kanzeldienst in meiner Kirche, viele hunderte Kilometer vom Ort des Geschehens entfernt. Um 9.30 Uhr hatte ich vor der Gemeinde zu stehen.

Als wir die neuen Freunde endlich auseinandergerissen hatten, ging der kleine Zeiger meiner Auto-Uhr schon bedrohlich auf Mitternacht zu; und ich rechnete mir aus, wie viele Stunden ich wohl noch schlafen konnte, bevor ich in das pastorale Dienstgewand zu schlüpfen hatte. Sehr viele waren das nicht. Außerdem hatte ich den Wagen voll mit jungen Leuten, die noch nach Hause gebracht werden wollten. Aber ich war ganz guten Mutes; mit einem Bleifuß auf der nächtlich freien Autobahn würde es schon gehen. Die ersten Kilometer ging es auch; aber dann wurde ich müde. Ich fing an, die entgegenkommenden Lichter doppelt zu sehen. Ich konnte es nicht mehr verantworten, auch nur einen Kilometer weiter zu fahren. Allein hätte ich es vielleicht gemacht, aber nicht mit vier jungen Leuten im Wagen! Ich fuhr den nächsten Parkplatz an. Einer der Mitfahrer war bereit, das Steuer zu übernehmen. Der junge Mann fuhr äußerst verantwortungsvoll, also nach meinen Bedürfnissen viel zu langsam. Der Wagen kroch, und die Stunden flogen. Kurz und gut, der Morgen graute schon, als mir endlich die Landstraßen heimisch vorkamen, und als ich den letzten Studenten auf seine Bude gebracht hatte und die Wohnungstür aufschloss, war es 9.10 Uhr.

Du hast auf Vorwürfe gänzlich verzichtet, hast kein Wort darüber gesagt, dass es eigentlich viel zu spät war. Du hast mich angestrahlt, du hast mich in die Wohnung geführt. Der schwarze Anzug lag schon bereit, das Kaffeewasser kochte, das Brot lag auf dem Tisch. Punkt 9.30 Uhr öffnete ich die Tür zum Kirchenraum. Nach dem Gottesdienst sagtest du mir, dass du kaum ein Auge zugetan hattest die Nacht über. Du hattest dir Sorgen gemacht. Und du hast gewartet. Du hast mitgedacht. Nur so konnte es klappen, dass mein Leichtsinn nicht zu einem Desaster im Kirchenraum führte. Deine Geduld hat mir geholfen, meinen Aufgaben zwar ein wenig wackelig, aber doch noch korrekt zu erfüllen. Was wäre ich ohne deine Geduld! »Die Liebe ist geduldig«, sagt der Apostel Paulus. Gott sei Dank ist das so, sonst würden wir vor lauter Ungeduld einander völlig gleichgültig werden.

53   Licht aus!

»Die Liebe ... hofft alles.«

1. KORINTHER 13,7

Er hat eine Lichtspur hinterlassen, der Herr Sohn. Im Treppenhaus brannte das Licht, auf dem Korridor, in der Küche und im Vorratsraum, in dem auch der Kühlschrank steht. Im Kühlschrank allerdings brannte das Licht nicht; aber wahrscheinlich nur deshalb, weil es automatisch ausgeht. Wann er diese Lichtspur gelegt hat, weiß ich nicht so genau. Ich musste um halb fünf aus dem Bett, und da sah ich sie. Am Abend zuvor hatte ich noch ganz bewusst alle Lichter gelöscht. Du hast ja die ganze Zeit geschlafen. Er muss es gewesen sein.

Es ist auch gar nicht so schlimm, dass er die Lichter angelassen hat. Du hast ja recht, das passiert dir und mir auch manchmal. Aber warum muss der Junge sich mitten in der Nacht eine Pizza auftauen und backen? Woher ich das weiß – dass er eine Pizza gegessen hat? Ganz einfach, er hat die Verpackung auf dem Tisch liegen lassen. Es ist nicht schlimm, wenn er die Pizza-Verpackung nicht wegwirft. Es ist auch nicht schlimm, wenn jemand mitten in der Nacht hungrig wird und sich was zu essen macht. Es ist aber schlimm, dass er das fast jede Nacht tut. Dafür nimmt er dann an keinem Frühstück teil. Und wenn man ihn zum Abendbrot ruft, ist er müde, muss ins Bett oder hat keine Lust.

Du weißt ja, warum das so ist. Er beteiligt sich immer noch an diesem weltweiten Computerspiel, mit Sitz natürlich in den USA. Dort ist es helllichter Tag, wenn die Spieler vor ihren Rechnern sitzen. Bei uns ist es finstere Nacht. Alle zwei Stunden steht er auf und wählt sich in das Programm ein. Dabei geht er doch noch zur Schule. Er ist zwar volljährig und kann tun, was er will. Aber gut ist das nicht für ihn. Da sind wir uns einig. Und ich bin auch einig mit dir, dass ich nichts unternehmen kann. Du stehst auf dem Standpunkt: Da muss er durch! Jeder hat mal solche Phasen.

Früher war es der Rock'n Roll bis in die Nacht. Wie viele Nächte haben wir zum Tag gemacht! Heute ist es eben das Computerspiel mitten in der Nacht. Und wenn er dabei auf die Nase fällt? In der Schule oder so? Dann fällt er eben auf die Nase. Er wird sich schon wieder berappeln. Es ist sogar ganz gut, wenn er die Folgen seines Tuns am eigenen Leibe zu spüren bekommt. Das wirkt viel besser, als wenn du ihm ständig in den Ohren liegst.

Aber das Entscheidende ist doch, dass wir ihm beide vertrauen. Wir glauben, dass er sich nicht verlieren wird in den virtuellen Weiten des Internets. Wir glauben, er wird es merken, dass er sich in der Realität bewähren muss. Wir glauben und wir hoffen, dass er dafür genügend Substanz hat und dass diese Substanz sich durchsetzt. Eine Mutter hofft immer für ihr Kind; und ich hoffe mit dir. Ich habe ihn ja auch lieb; und die Liebe hofft alles, sagt der Apostel Paulus. Gott sei Dank ist es so, sonst würden die Sorgen uns auffressen und der Streit würde unsere Familie zerstören. – Wie sich mittlerweile herausgestellt hat, haben sich unsere Hoffnungen auf das Schönste bestätigt. Wir haben allen Grund, stolz auf unseren Sohn zu sein.

54   Ein leiser Wind

»Die Liebe ist ... freundlich.«

1. KORINTHER 13,4a

Du batest mich, dir im Garten zu helfen. Am Anfang war ich davon nicht begeistert, aber ich sah auch ein, dass man das schöne Wetter nutzen musste, die Sonne und den leisen Windhauch. So arbeiteten wir denn gemeinsam im Garten. Wir entdeckten dabei Spuren unseres gemeinsamen Lebens.

Wann war das doch, als ich den Rosmarin pflanzte? Wie schön er doch gekommen ist! »Was soll das heißen«, fragtest du, »du hast ihn gepflanzt? *Ich* habe ihn gepflanzt, und sonst keiner!« Ach ja, so war es auch; ich hatte ihn nur gekauft. Die Arbeit hattest du damit. Neben dem Rosmarin wuchs die Zitronenmelisse. Sie war zwei Jahre lang vom Erdboden verschwunden. Nun ist sie wiedergekommen, und in welch einer Fülle!

Und sieh dir die Rosen an! Ich weiß, jeder Fachmann würde den Kopf schütteln über so viel Unverstand, mit dem wir sie beschnitten haben. Aber sie wachsen und bilden schon richtige Knospen aus. Bald werden sie blühen. Diese Büsche aber, die schon so alt und unschön gewachsen sind, werden wir beseitigen. Es muss viel Licht und Luft auf unsere Blumen und Kräuter fallen. Und wenn wir hier draußen sitzen, brauchen auch wir viel Luft und Licht. Frei soll der Blick hinausgehen zur Straße und von der Straße aus zu unserem Garten.

So wurden in unserer gemeinsamen Arbeit Erinnerungen wach, wir schmiedeten Pläne, fällten Entscheidungen und verwarfen sie wieder. Hinter allen diesen Reden, mal belanglos, mal bedeutungsvoll, schwang ein Ton mit, den ein Unbeteiligter vielleicht gar nicht gehört hätte. Es war der Ton eines leisen Windes, der zwischen uns hin und her wehte, der Ton einer liebevollen Vertrautheit. Wir wussten: Was immer wir uns auch sagen, es fällt auf den fruchtbaren Boden unseres Liebesgartens, den wir in unseren Herzen pflegen. Selbst dann noch, wenn wir verschiedener Meinung sind, geht dieser milde Wind durch die Kräuter und Blumen in unseren Herzen. Unsere beiden Stimmen sind geprägt von seinem Wehen; sie sind seine Resonanz, sie schwingen mit auf seiner Frequenz.

Und wenn wir, vertieft in unsere Arbeit, schweigen, so ist das kein gelangweiltes oder gar verletztes Schweigen, sondern es ist die aufmerksame Ruhe, in der wir dem Wind unseres gemeinsamen Lebens lauschen. Es ist die Stille in einem Gesicht, das sich, vom Wind gestreichelt, lichthungrig der Sonne zuwendet. Du sagst: »Das Außen bildet unser Inneres ab.« Ich antworte: »Und unser Inneres das Außen.« Und beides ist Gnade und Freundlichkeit, Gnade Gottes, seine Freundlichkeit, die sich in der Liebe äußert. Wir erleben es, wie recht der Apostel Paulus hat, wenn er sagt: »Die Liebe ist freundlich.« Gott sei Dank, dass sie es ist; aus dem Wind würde sonst ein Orkan und aus der Sonne ein flammender Feuerball.

55 Schlaflos

>>Meine Seele wartet auf den Herrn mehr
als die Wächter auf den Morgen.<<

PSALM 130,6

Die Dunkelheit der Nacht fällt mir schwer auf die Seele. Morgen früh werde ich wieder kein Auge zugetan haben. So jedenfalls beschreibt eine viel benutzte Redewendung die schlaflose Nacht. Natürlich habe ich doch ein Auge zugetan; ich habe sogar beide Augen zugetan, manchmal habe ich sie geradezu zugedrückt. Und dann habe ich sie wieder geöffnet, weil es offensichtlich keinen Zweck hatte, sie zu schließen – ich schlafe immer noch nicht. Und so stiere ich offenen Auges ins Dunkle.

Ich probiere Einschlaftechniken aus. Ein alter Freund verriet mir, wie er das macht, wenn er nicht schlafen kann. Er zählt alle Schriftsteller dem Alphabet nach auf, die er kennt: Achternbusch, Andersch, Benn, Brecht, Borchert, Böll, jetzt wird's schon schwieriger, wer fängt denn mit C an, ach ja, Canetti, Paul Celan, jetzt aber E, nein erst D: Max Dauthendey – und so weiter, bis Stefan Zweig. Es hat nichts geholfen. Dann mache ich das Licht an, um zu sehen, wie spät es wirklich ist – welch ein Glück, erst drei Uhr, ich habe also, warte mal, noch vier Stunden Schlaf, bis der Wecker klingelt.

Ich schließe die Augen, drehe mich zur anderen Seite, vergeblich. Ich zähle Komponisten auf. Als ich bei Winfried Zillig angekommen bin, schaue ich wieder auf die

Uhr: Es packt mich leichte Panik, schon fünf Uhr, noch ganze zwei Stunden, die ich schlafen kann; das gibt ja morgen wieder einen müden Tag, na, gratuliere! Das Aufzählen von irgendwelchen Leuten kannst du dir also auch schenken, sage ich mir; bei dir nützt es nichts! Im Gegenteil. Und die quälende Prozedur fängt von vorne an: Augen schließen, auf die andere Seite drehen, warten, bis der Schlaf sich einstellt.

Ich schrecke wieder auf, nein, da war nichts, ich habe es mir nur eingebildet. Will denn die Nacht gar nicht enden? Doch, sie endet. Durch die Jalousien kommt das erste Frühlicht. Ich atme erlöst auf. Endlich ist die Nacht vorbei, ein neuer Tag beginnt. Zwar werde ich nicht völlig bei Kräften sein; aber es ist Tag, und das Tageslicht ist tröstlich.

Im hellen Licht des Morgens greife ich nach meinem Losungsbüchlein, das für jeden Tag zwei biblische Sprüche enthält. Ich lese: »Meine Seele wartet auf den Herrn mehr als die Wächter auf den Morgen; mehr als die Wächter auf den Morgen hoffe Israel auf den Herrn! Denn bei dem Herrn ist die Gnade und viel Erlösung bei ihm« (Psalm 130,6.7). So leibhaftig und direkt habe ich selten einen Bibelspruch verstanden wie diesen nach einer unfreiwillig durchwachten Nacht.

56   Fernsehkrimi

»Und vergib uns unsere Schuld.«

MATTHÄUS 6,12a

Sehr zum Leidwesen meiner Frau gucke ich gern Krimi-
nalfilme im Fernsehen. Besonders spannend war ein
Film mit dem Titel »Neben der Spur – Adrenalin«. Ulrich
Noethen und Nikolai Kinski spielen in den Hauptrollen.
Zu den beeindruckenden Merkmalen dieses Filmes gehört
es, dass in den ersten drei Minuten klar ist, wer der Täter
sein wird.

Vor Jahrzehnten hat der Psychiater Dr. Johannes Jessen
ein Gutachten unterschrieben, das er nur flüchtig gegen-
gelesen hatte. Wegen dieses Gutachtens wurde ein Sohn
von seinem Vater getrennt; und der Vater verbrannte auf
einem Schiff. Der Sohn nimmt dafür Jahre später auf per-
fide Weise Rache und hängt dem Psychiater zwei Morde
an. Schließlich macht er sich auf den Weg, um auch noch
Frau und Tochter des Psychiaters auf grausamste Weise zu
vernichten. Im letzten Moment wird er durch einen Kri-
minalkommissar daran gehindert – auch dieser Film muss
ein Happy End haben. Dieses Happy End bedeutet für den
selbsternannten Racheengel eine Schusswunde und Ab-
transport mit einem Krankenwagen.

Die Familie des Psychiaters finden wir am Ende traulich
vereint auf einem Sofa sitzend, eng umschlungen – gerade
noch aus großer Not gerettet. Das alles wird in beklemmen-
der Intensität gespielt. Man hält die Spannung nur deswe-

gen aus, weil man sich sagt: Wenn diese Figur jetzt stirbt, funktioniert der Film nicht mehr.

Der Moment jedoch, der mich am meisten beeindruckt hat, spielt sich auf einem Schiff ab, wo der Psychiater den Täter sucht. Dort stellt dieser den Psychiater, fesselt ihn und berichtet ihm nun von seinem Vorhaben, sich an dessen Frau und Tochter zu rächen. In dieser Situation sagt der Psychiater: »Ich bin schuldig. Ich allein. Nur ich habe Schuld, dass Sie Ihren Vater verloren haben. Weil ich das Dokument unterzeichnet habe.« Das ist natürlich ein Versuch, seine Frau und seine Tochter vor dem Zugriff des Rachgierigen zu bewahren; aber immerhin ist es erstaunlich, dass da jemand ausdrücklich Schuld auf sich nimmt und zu ihr steht.

Damit tut der Psychiater etwas, was zum Kernbestand des christlichen Glaubens gehört: Schuld wahrnehmen, Schuld bekennen und bereuen. Wenngleich dies den selbsternannten Racheengel im Film nicht weiter kümmert und er unbeirrt auf seinem Feldzug fortschreitet, für die Beziehung zwischen Mensch und Gott ist das von elementarer Bedeutung. Denn wenn das Schuldbekenntnis vor Gott und Menschen geschieht, mag der Mensch bei seinem Bedürfnis nach Rache und Vergeltung bleiben; Gott aber will Schuld vergeben. Davon legt die Bibel beredtes Zeugnis ab, wenn sie in einem Psalm zum Beispiel betont: »So fern der Morgen ist vom Abend, lässt er, Gott, unsre Übertretungen von uns sein« (Psalm 103,12).

57   Die Schale

»Lass mich am Morgen hören deine Gnade.«

PSALM 143,8a

Jeden Morgen, wenn wir die Augen aufmachen, liegt ein neuer Tag vor uns, leer und geöffnet wie eine Schale. Wer wird diese Schale füllen, und womit wird sie gefüllt? Vielleicht stellen wir uns diese Frage gar nicht mehr; denn wir glauben zu wissen, was dieser neue Tag bringen wird. Er wird in der Regel bestimmt sein von der Routine, von dem also, was wir wenig liebevoll den Alltagstrott nennen. Das bringt unser Leben in unserer Familie und an unserem Arbeitsplatz so mit sich. Wir wissen schon, was da kommen wird. Und das finden wir gut so.

Denn wir fürchten nicht so sehr die Routine, sondern vielmehr das Unvorhergesehene, die Überraschung, das Neue und Unbekannte. Es bringt unseren Alltag durcheinander, wirbelt in unserem Leben herum und stellt Dinge auf den Kopf. Wir wissen nicht, wie wir reagieren werden und ob wir mit heiler Haut davonkommen. Da bleiben wir lieber bei dem Gewohnten, wo wir sicher sind, dass alles seinen erprobten Gang geht.

Doch es gibt Ausnahmen: wenn wir ein Fest erwarten zum Beispiel, einen Geburtstag oder eine Hochzeit. Dann kehrt etwas von dem Glanz des Neuen in unseren Morgen zurück. Oder eine Prüfung steht ins Haus; auch das ist eine Abwechslung; aber sie besonnt den Morgen nicht gerade, sondern wirft eher einen Schatten auf ihn. Ob wir nun das

Besondere oder die Routine erwarten, kein Mensch weiß, ob auch wirklich eintrifft, was er erhofft oder befürchtet. Stets liegt die Möglichkeit in der Luft, dass irgendetwas die Routine durchbricht oder das Fest stört – oder positiv: den Schatten vertreibt. Die Schale kann ganz anders gefüllt werden, als wir uns das am Morgen vorstellen. Wir sind von Dingen abhängig, die wir nicht im Griff haben.

»Es kann vor Nacht leicht anders werden, als es am frühen Morgen war« heißt es in einem Sprichwort. Das klingt ernst und bedrohlich und ist wohl auch so gemeint. Aber: Es enthält ebenso die Chance, dass sich etwas in meinem Leben – sei es Großes oder Kleines – zum Guten wendet. Deshalb ist es gut, den Tag so zu beginnen, wie es vor Urzeiten der Verfasser eines Psalms tat: mit einem Gebet. Er bittet Gott: »Lass mich am Morgen hören deine Gnade; denn ich hoffe auf dich. Tu mir kund den Weg, den ich gehen soll; denn mich verlangt nach dir« (Psalm 143,8).

Damit wende ich mich an den, der die Schale des neuen Tages gestiftet hat und sie so füllen kann, dass ich sie am Abend mit gutem Gewissen zurückgeben kann. Das heißt nicht, dass alles so gekommen sein wird, wie ich es mir wünsche. Es heißt aber: Ich weiß, an wen ich mich dann mit Dank und Klage über diesen Tag wenden kann. Und von wem ich den neuen erwarten will.

58   Arbeitssuche

»Aus Gnade seid ihr selig geworden.«

EPHESER 2,8a

Früh am Morgen geht Daniel Schimon zur Agentur für Arbeit. Das ist in diesem Fall der Marktplatz einer vorderasiatischen Kleinstadt zur Zeit Jesu. Schon sind auch die anderen Arbeitslosen des Ortes zugegen. Sie warten auf einen Arbeitgeber, der sie einstellt, wenigstens für einen Tag. Für sie bedeutet das einen Tag ohne Hunger und ohne die enttäuschten Augen der Kinder und der Ehefrau. Es bedeutet, einen Tag und einen Abend halbwegs in Würde zu leben. Da kommt schon ein Arbeitgeber. Er hat einen Weinberg und sucht Erntehelfer. Er mustert die Arbeitslosen und wählt einige aus. Daniel ist nicht dabei. Auch die anderen Arbeitgeber gehen dann an ihm vorbei. Daniel bleibt auf seinem Platz.

Ein paar Stunden später kommt der Besitzer des Weinbergs zurück. Er sucht noch mehr Erntehelfer. An Daniel geht er wieder vorbei. Das wiederholt sich noch ein paar Mal.

Als die Sonne schon tief steht, kommt der Weinbergbesitzer ein letztes Mal zum Marktplatz. Wieso tut er das? Ein, zwei Stunden wird es noch hell sein, dann wird es zappenduster. Wozu braucht er da weitere Arbeiter? Doch das Wunder geschieht: Er spricht Daniel an. Ja, sicher, Daniel geht mit!

Als es dämmerig wird, stellt der Weinbergbesitzer seine Arbeiter der Reihe nach auf, je nachdem, wie lange sie gearbeitet haben. Er zahlt den Lohn aus. Daniel hofft auf ein bisschen Kleingeld; er hat ja wirklich nicht lange gearbeitet. Aber er kann sein Glück kaum fassen: Er bekommt den gesamten Tagessatz! Nun kann er leichten Schrittes nach Hause eilen. Der Tag für seine Familie ist gerettet, seine Würde ist wiederhergestellt.

Dass alle anderen denselben Lohn bekommen, stört ihn nicht; auch dass einige mehr Lohn einfordern, ist ihm egal. Den Neid der Kollegen, die einen ganzen Tag gearbeitet haben, bemerkt er kaum. Er ist nur noch überwältigt vom Verständnis und der Großzügigkeit seines Arbeitgebers.

Jesus, der diese Geschichte erzählt, greift damit nicht in die gesellschaftliche Diskussion über einen gerechten Lohn ein. Er offeriert auch kein Modell erfolgreichen Wirtschaftens. Sondern er will damit zeigen, wie gütig Gott ist. Gott bestimmt unsere Würde nicht nach dem Maß dessen, was wir leisten und erledigen. Sein Maßstab ist die Güte. Wer sie braucht und in Anspruch nimmt, bekommt sie auch. Selbst dann noch, wenn er selbst glaubt, er habe sie nicht verdient. Gerade dann, sagt Jesus, schenkt Gott das, was ein Mensch für seine Würde braucht. Jesus wütet damit nicht gegen die Leistungsträger der Gesellschaft. Seine Geschichte ist eine Hoffnungsgeschichte für alle, die nicht viel vorweisen können. Und für die Menschen, die wissen, dass Leistung nicht alles ist.

59 Gegrillter Fisch zum Frühstück

»Kommt und haltet das Mahl.«

JOHANNES 21,12a

Jeder Morgen ist das Ende einer Nacht. Die Nacht bedeutet oft mehr als nur die Dunkelheit, die durch die Erdumdrehung verursacht wird. Nacht kann es auch im Leben eines Menschen werden. Manchmal kommt beides zusammen, die dunkle Nachtzeit und die dunkle Lebenszeit.

Die Bibel erzählt von den Jüngern Jesu, wie sie so eine schlimme Nacht erleben. Sie sitzen die ganze Nacht lang in einem Boot auf dem See Genezareth und wollen Fische fangen. Das war ja auch ihr Beruf, bevor sie von Jesus gerufen wurden. Doch ihre Arbeit ist vergeblich. Der Morgen graut, und ihre Netze sind leer. Enttäuschung macht sich breit. Nacht ist es auf ihrem See, Nacht ist es in ihren Seelen. Mit einem bitteren Gefühl im Herzen nähern sie sich dem Ufer.

Da werden sie von einem Mann am Strand angesprochen. Sie erkennen ihn zuerst nicht. Er empfiehlt ihnen, das Netz auf der anderen Seite des Schiffes auszuwerfen. Ein unsinniger Vorschlag; Fische unterscheiden im Allgemeinen nicht zwischen links und rechts. Außerdem, jetzt am Morgen geht kein Fisch mehr ins Netz. Sie haben sich in die Tiefen des Sees verzogen. Die Jünger wissen: Es ist aussichtslos. Aber was tut man nicht alles, wenn man nicht mehr weiterweiß! Sie werfen das Netz tatsächlich auf der anderen Seite des Bootes aus, und das Wunder geschieht. Das Netz ist voll. Da dämmert es ihnen, wer das ist, der sie da so überraschend angesprochen hat. »Es ist der Herr«, sagt einer von ihnen, er meint damit Jesus, und Petrus springt ins Wasser, um schwimmend das Ufer zu gewinnen. Das Boot ist ihm wohl zu langsam.

Jesus aber hat schon Feuer entzündet, um die Fische darauf zu braten. Freundlich lädt er die Jünger zum Fischfrühstück ein. Die aber wundern sich so sehr, dass nicht einer die sich ausbreitende Stille zu unterbrechen wagt.

Diese Geschichte, die am Ende des Johannesevangeliums erzählt wird, zeigt nicht nur: Jede Nacht geht einmal zu Ende, stets beginnt ein neuer Morgen. Das ist geradezu eine Binsenweisheit. Entscheidend ist: Am morgendlichen Ufer steht Jesus. Es steht der am Ufer, der selbst die dunkelste aller Nächte durchlebt und durchlitten hat – den Tod am Kreuz.

Seitdem gibt es keine Nacht mehr, die so dunkel ist, dass Jesus nicht in ihr verborgen sein könnte, oft unerkannt, aber dennoch nah und wirkungsvoll. Auch in der dunkelsten Nacht, der Todesnacht, wird mich der erwarten, von dem ich zu Ostern bekenne: Der Herr ist auferstanden. »Jesus bricht wie das Morgenlicht in unsere dunkelsten Nächte und zieht uns hinein in seine Gegenwart, an das rettende Ufer« (Cornelia Trick). Dort hat er alles bereitet, dort stillt er den Hunger. Ob es unbedingt gegrillter Fisch zum Frühstück sein muss, weiß ich nicht. Aber dass Jesus den Hunger nach einem Leben im Licht Gottes stillt, davon erzählt uns diese Geschichte.

60   Es wird gebeetet!

»Einiges fiel auf gutes Land.«

MATTHÄUS 13,8a

Ich habe eine kleine Freundin. Fast sechs Jahre alt ist sie und kommt bald in die Schule. Immer wieder überrascht sie ihre Eltern und Freunde mit ungewöhnlichen Aussprüchen. Zu ihrem Vater sagte sie vor einigen Wochen: »Bald ist Frühling, dann wird gebeetet.« Ihr Vater war verblüfft: »Da muss man doch nicht bis zum Frühling warten. Wir beten doch jeden Tag!« Die Tochter widersprach eifrig: »Nein, Papa, du verstehst mich nicht! Du hast doch gesagt, wenn es Frühling wird, kriege ich ein Stückchen Garten. Da muss ich doch ein Beet machen, für die Blumen und so. Also beete ich im Frühjahr!« Der Vater schüttelte nur noch den Kopf und bewunderte die sprachschöpferische Kraft seiner Tochter, mit der sie so entlegene Dinge wie ein Gartenbeet und die religiöse Praxis des Betens zusammenbrachte.

Dass der Gleichklang in den Wörtern Gartenbeet und Gebet aber nicht nur Zufall ist, sondern auch eine tiefere Weisheit enthüllt, wird an einer Geschichte im Neuen Testament deutlich. Mit sicherem Tritt schreitet dort ein Landwirt seinen Acker ab, greift in seinen Saatbeutel und streut die Körner mit festem Schwung auf das Land. Dabei scheint es ihn kaum zu interessieren, wohin die Saat fällt: Ob sie auf einem festgetretenen Trampelpfad landet oder unter Disteln und Dornen, ob Felsengrund ein nachhaltiges Wachstum verhindert oder fruchtbarer Boden eine reiche Ernte verspricht – er verstreut die Saatkörner in unbegreiflichem Großmut, scheinbar wenig bekümmert um den Erfolg.

Jesus Christus erzählt diese Geschichte als ein Beispiel dafür, wie großzügig Gott am Menschen handelt. Wo immer sich ein Mensch befindet, wie immer es in ihm aussieht: Gott will ihn erreichen und die gute Saat des Lebendigen in ihn hineinsäen. Die Großmut Gottes aber hat als Gegenseite den Kleinmut vieler menschlicher Herzen.

Wer dieses Gleichnis hört, fragt sich vielleicht besorgt: Zu welcher Art Boden gehöre ich wohl? Bin ich der festgetretene Weg, wo nichts wachsen kann? Bin ich das Dornengebüsch, worunter nur kümmerliche Gewächse gedeihen? Oder bin ich der felsige Boden, schnell zu begeistern, schnell wieder abgekühlt? Jeder wünscht sich natürlich, fruchtbarer Boden zu sein, auf dem Lebendiges wächst und bis zur Frucht reift. Wie kann ein Mensch das werden, wenn er es noch nicht ist? Meine kleine Freundin würde antworten: »Ganz einfach, dann muss gebeetet werden!« Und sie hat recht. Dann muss auf diesem Beet Unkraut gejätet werden, dann müssen Steine aufgelesen und beiseite geworfen werden, dann muss man pflügen und umgraben. Allerdings habe ich noch keinen Acker, kein Beet gesehen, die das selbst tun könnten. Das ist die Arbeit des Landwirtes oder des Gärtners, je nachdem. Jesus würde sagen: Das ist die Arbeit Gottes. Er muss sie tun, wir können es nicht. Aber wir können darum beten und ihm unser Leben öffnen als ein Stück Land, das er zu einem fruchtbaren Beet machen möge. So kommt es dazu, dass unser Beten Gott zum Beeten veranlasst, dazu nämlich, in unserem Leben sein Beet anzulegen.

61 Die Anmut

»... gerecht aus seiner Gnade.«

RÖMER 3,24

Ich habe eine Freundin in einem ganz erstaunlich hohen Alter. Noch immer erstrahlt sie in jugendlicher Frische. Sie ist über 130 Jahre alt und hängt in Paris im Louvre. Sie wurde von Claude Monet gemalt. »Die Dame mit dem Sonnenschirm« ist ihr Name, und seit vielen Jahren bezaubert sie die Besucher des berühmten Pariser Museums. In hellem, leicht dunstigem Morgenlicht schlendert sie, nein, schwebt sie über eine blühende Frühlingswiese. Leichter Wind lässt ihr Halstuch flattern und bauscht ihr knöchellanges weißes Gewand auf. Sie schützt ihr Gesicht vor der bräunenden Sonne mit einem grünen Seidenschirm. Zur Zeit Monets war Blässe chic.

Wer meine Freundin anschaut, dem wird das Herz ganz leicht, eine fröhliche Ahnung von Schönheit, Leichtigkeit und Anmut kommt auf. Das Wort Anmut hat nun aber einen besonderen Klang. Es mag kühn erscheinen, den französischen Maler des Impressionismus mit dem Dramatiker der Weimarer Klassik in einem Atemzug zu nennen. Jedoch hat Schiller schon zu seinem Dichterkollegen Ludwig Tieck Gedanken über die Malerei geäußert, die den Impressionismus bereits vorausahnen: »Sehen Sie zum Beispiel dieses Tuch«, sagte er zu Tieck. »In diesem Augenblick erscheint es noch rot. Wechselt aber das Licht, wird sich dasselbe Rot uns lila oder grau zeigen und damit auch der ästhetische Eindruck ein anderer werden müssen.« Genau das haben die Impressionisten für sich entdeckt und in ihren Bildern umgesetzt, genau das ist auch bei der Dame mit dem Sonnenschirm zu beobachten. Also widmen wir dem Dichter noch einmal unsere Aufmerksamkeit. Er nämlich war es, der dem Wort Anmut die tiefere Bedeutung verlieh, die seither mitschwingt, wenn wir davon sprechen.

Zwar ist für Schiller der Wert von Schönheit und Ästhetik hoch anzusetzen; noch höher aber ist der Wert der Anmut; sie ist geradezu lebensnotwendig. Gewiss gehören für ihn Schönheit und Ästhetik zur Erziehung des Menschengeschlechtes. Zur Anmut werden Schönheit und Ästhetik bei Schiller aber erst dann, wenn sie mit der Ethik verbunden werden, wenn also ein Mensch nicht nur genießt, was seinem geschulten Geschmack gefällt, sondern das tut, was ihm sein ebenso geschultes Gewissen vorschreibt. Zu tun, was das Innere dem Menschen befiehlt und dabei zu erleben, dass die leidenschaftliche Sehnsucht nach Schönheit gestillt wird – das nennt Schiller Anmut. Wenn das Sollen des Menschen und das Wollen im Einklang miteinander sind, dann entsteht Anmut.

Auf Griechisch heißt Anmut übrigens Charis; das ist dasselbe Wort, das in den deutschen Übersetzungen des Neuen Testamentes mit Gnade wiedergegeben wird. Die Anmut, mit der meine alte Freundin aus dem Louvre über der Frühlingswiese schwebt, die Anmut, die ein Mensch empfindet, wenn ihn sein innerer Auftrag mit Freude erfüllt, beide sind in gleicher Weise Gnade, Geschenk von Gott.

62 Der Igel und der Hase

»Er stößt die Gewaltigen vom Thron.«

LUKAS 1,52

Diese Geschichte ist lügenhaft zu erzählen, Kinder, aber wahr ist sie doch, denn mein Großvater, von dem ich sie habe, pflegte immer, wenn er sie erzählte, zu sagen: ›Wahr muss sie sein, mein Sohn, sonst könnte man sie ja nicht erzählen.‹« So beginnt ein überaus bekanntes Märchen. Es wurde am 26. April 1840 zum ersten Mal von Wilhelm Schröder im »Hannoverschen Volksblatt« veröffentlicht. Die Rede ist vom Wettlauf zwischen dem Hasen und dem Igel auf der Buxtehuder Heide.

Der Hase macht sich lustig über die krummen Beine des Igels. Der ist beleidigt und schlägt dem Hasen besagten Wettlauf vor. Der Sieger erhält einen Golddukaten und eine Flasche Branntwein. Der Hase willigt siegesgewiss ein und sie vereinbaren Ort und Zeit. In zwei nebeneinanderliegenden Ackerfurchen soll der Wettkampf ausgetragen werden. Der Igel instruiert seine Frau, die ihm bis aufs Tüpfelchen gleicht. Sie duckt sich am anderen Ende der Strecke in die Ackerfurche. Auf los geht's los.

Der Hase ist noch lange nicht am Ziel, als Frau Igel sich aufrichtet und stolz kräht: »Ich bin schon hier!« Der Hase weiß nicht, wie ihm geschieht, er glaubt, den nämlichen Igel vor sich zu haben; er kann es nicht fassen. Sogleich schlägt er eine Wiederholung des Wettlaufs in umgekehrter Richtung vor, mit dem gleichen Ergebnis, nur, dass es diesmal

Herr Igel selbst ist, der da kräht: »Ich bin schon hier!« Der Hase kann sich mit dem Ergebnis wieder nicht anfreunden, versucht es wieder und wieder. Beim vierundsiebzigsten Wettlauf bricht er tot zusammen. Der Igel aber nimmt den Golddukaten und die Flasche Branntwein und trottet mit seiner Frau gemächlich nach Hause.

Im Hintergrund dieses Textes ertönt ein homerisches Gelächter, das durchaus subversiven Charakter hat. Da mag sich jemand aufspielen aufgrund seines gesellschaftlichen Ranges, da mag jemand den Stand des einfachen Menschen verspotten: Der List dieses Menschen ist er doch nicht gewachsen; er macht eine jämmerliche Figur, wenn er zu einem ungleich scheinenden Wettkampf gefordert wird. Die Schadenfreude ist unüberhörbar. Das Märchen handelt also von der Hohlheit der Hierarchien und ihrer Vertreter; es ist so gesehen gar kein Märchen, sondern eine Satire.

Der Großvater hatte recht: Zwar ist die Geschichte erfunden, aber trotzdem wahr. Ihr liegt ein durchaus aufklärerischer Impuls zugrunde. Sie zeigt dieselbe Haltung, die auch in der Bibel bezeugt wird: Gott ist nicht mit den Mächtigen, mit den Hochfahrenden und den Verächtern des kleinen Mannes. Wenn sie auch eine gewisse Zeit ihre üblen Machenschaften ausüben können, Tag und Stunde kommen, in denen die Gedemütigten und Beleidigten zu ihrem Recht kommen. Die Mächtigen werden am Ende erniedrigt, und den Unterdrückten winkt Genugtuung. Es ist ein Grundprinzip der Bibel, dass Gott die Verhältnisse umkehrt.

63   Der Tragling

»... dass sie dich auf den Händen tragen.«

PSALM 91,12a

Sie kommen nicht aus der Mode: die bunten Tragetücher, in denen die Säuglinge am Körper der Eltern getragen werden. Ob beim Waschen, Kochen, Putzen oder beim Einkaufen, beim Spaziergang im Park – das Kleine ist immer dabei und spürt die Nähe und Wärme der Körper seiner Eltern. Der Mensch ist ein Tragling und will getragen werden.

Das ist ein Ergebnis der Forschungen an der Universität Mannheim zum Thema Tragen. Dieses Projekt wurde vor ein paar Jahren interdisziplinär begonnen; das heißt, Forscher unterschiedlicher Fachrichtungen waren daran beteiligt.

Dass ein Mensch getragen werden muss in seiner frühesten Kindheit, dürfte allgemein bekannt sein; dass er das auch noch möchte, wenn die eigenen Beinchen durchaus schon funktionsfähig sind, entspricht wohl der Erfahrung aller Eltern. Dass aber auch der erwachsene Mensch das Bedürfnis hat, getragen zu werden, war mir jedenfalls bisher nicht bekannt. Der Mensch, so die Forscher, wird für sein Leben dadurch geprägt, dass er in früher Kindheit getragen wird. Wer einmal erlebt hat, wie geborgen man sich fühlen kann in Mutters Armen oder auf Vaters Schoß, wird die Sehnsucht danach nie wieder los. Dieses wohltuende Gefühl: *Ich bin geborgen!* ist eine geheime Triebfeder seines

Fühlens und Strebens. Das ist vielleicht die Ursache für den alten Brauch, dass die frisch verheiratete Braut von ihrem frischgebackenen Ehemann in die Wohnung getragen wird. Er ist ein Zeichen: Bei mir bist du geborgen!

Für Männer sind die Gelegenheiten, in denen sie getragen werden, dünner gesät. Es sei denn, Mann ist Maharadscha und schaukelt in einer Sänfte durch die Straßen des alten Peking ... Diese Zeiten sind dort und bei uns zum Glück vorbei. Doch will der Mensch nicht nur getragen werden, er will auch selbst tragen. Wenn er trägt, fühlt er sich zwar einerseits belastet. Andererseits aber fühlt er sich auch sicher, weil er gebraucht wird und nützlich ist.

Tragen stiftet Sinn. Und wer Sinn erfährt, lebt unbeschwerter trotz seiner Traglast. Es ist, als würde er selbst getragen. Der christliche Liederdichter Wilhelm Willms hat diese Erfahrung so ausgedrückt: »Wer trägt, der wird getragen.« Der Apostel Paulus hat dies bereits in biblischer Zeit erkannt. »Einer trage des andern Last, so werdet ihr das Gesetz Christi erfüllen« (Römer 6,2), empfiehlt er der Gemeinde in Rom. Das Gesetz Christi, das ist die Liebe. Sie macht uns stark, Lasten abzugeben und zu übernehmen. Und sie schenkt uns die Gewissheit, dass wir getragen werden, gerade dann, wenn wir aus eigener Kraft das Leben nicht mehr ertragen können. Der Mensch ist ein Tragling, der auch im Alter noch getragen werden will und getragen werden muss. Der Prophet Jesaja hörte Gottes Zusage: »Ich will euch tragen, bis ihr grau werdet« (Jesaja 46,4).

64 Die Welt der Zahl

»Nun aber sind auch eure Haare alle ... gezählt.«

MATTHÄUS 10,30

Die Welt der Zahl« hieß das Buch, aus dem ich als Schüler Rechnen lernen sollte. Der Titel kam mir als Kind immer etwas rätselhaft vor: Welt und Zahl konnte ich nicht miteinander in Verbindung bringen. Rechnen lernte ich trotzdem aus diesem Buch; doch die höhere Mathematik blieb mir weitgehend ein sogenanntes böhmisches Dorf. Dabei ist die Zahl aus unserer Welt nicht mehr wegzudenken.

Nicht nur bei den jahrtausendealten Volkszählungen haben sie Hochkonjunktur. Immer schon wurde gezählt, wurden die erhobenen Zahlen addiert, subtrahiert, multipliziert und dividiert. Jeder Computer ist auf das Zusammenzählen kleinster Einheiten geeicht. Man bezeichnet Menschen mit Zahlen. Dann gibt es Kundennummern, Kontonummern, Steuernummern, Sozialversicherungsnummern. Da wird es schon bedenklicher mit den Zahlen.

Der Eindruck setzt sich fest: Die Menschheit verkommt in vielen Ländern zu einer Ansammlung von Nummern. In Israel gibt es immer noch Menschen mit einer eingebrannten Nummer auf dem Oberarm. Sie sind Überlebende des Holocaust. Spätestens an dieser Stelle merken wir die düstere Seite, die Dämonie der Zahlen. Die Welt der Zahlen ist nicht nur eine gute Welt. Sie ist es dann nicht, wenn sie aus Menschen Nummern macht und aus Namen Zahlen. Sie lässt den einzelnen Menschen hinter der Nummer verschwinden. Sie macht ihn namenlos, anonym. Sie macht ihn verwertbar und verfügbar. So wird die Welt der Zahl eine unheilvolle Welt. Sie ist unsere Welt.

Doch genau diese Welt ist der Aktionsrahmen Gottes. Seine Ansprechpartner sind jedoch nicht die Menschen, die sowieso schon hohe Zahlen auf ihrem Konto haben oder eine große Zahl von Mitarbeiterinnen und Mitarbeitern befehligen, nicht die Heerführer und Staatsmänner. Nicht mit den Selbstsicheren, die Eurozeichen in den Pupillen haben, nicht mit den Eingesessenen und Etablierten rechnet Gott. Sondern mit den Kranken, mit den Aussätzigen, mit den Ausgestoßenen.

Das wissen wir von Jesus, der im Namen Gottes sagte, dass er zu diesen Kranken und Ausgegrenzten gesandt worden sei und nicht zu den Gesunden. Dort wird zwar auch gezählt, aber völlig anders als bei den Kaisern und Landpflegern, anders als bei den Politikern und Geschäftsleuten. Dort zählen nicht die Sieger ihre Trophäen, sondern die Opfer ihre Wunden. Jesus kommt in die Gefängnisse, wo die Menschen ihre Jahre, Monate, Wochen und Tage zählen. Er kommt zu den Kranken, die die Stunden zählen, bis der gnädige Schlaf sie ihre Schmerzen vergessen lässt. Er kommt zu den Hungernden, die die Reiskörner zählen, die sie essen können. Er kommt zu den Angezählten und Ausgezählten und führt sie zu einer neuen Art des Lebens – nicht mehr Zahlen und Mengen bestimmen es, sondern die absolute Wertschätzung jedes Einzelnen in der Liebe Gottes.

65   Lichtwellen

»Ich bin das Licht der Welt.«

JOHANNES 8,12

Manchmal findet man im Nachlass eines Toten Dinge, die man bei ihm nicht vermutet hätte, und sie werfen ein neues Licht auf den Verstorbenen. Was den Hinterbliebenen wichtig schien, büßt ein an Glanz und Wert; und es treten Umstände in den Vordergrund, die niemand bei dem Toten vermutet hätte. Wer denkt schon daran, dass ein internationaler, unerhört erfolgreicher Politiker im Geheimen Zwiesprache mit Gott hält? Genau das ist aber geschehen; der Politiker hieß Dag Hammarskjöld. Er war der erste UN-Generalsekretär; noch nach seinem Tod erhielt er den Friedensnobelpreis. Bis heute hält sich der Verdacht, dass der Flugzeugabsturz, bei dem er starb, ein Mordanschlag war. Einem Freund hatte er sich offenbart in dem Sinne, dass es da noch ein paar Aufzeichnungen gab,.

Diese Aufzeichnungen wurden dann auch veröffentlicht, und die Weltöffentlichkeit staunte. Sie zeigen einen hochsensiblen Menschen im Zwiegespräch mit Gott. Sie zeugen von der inneren Triebkraft seines politischen Arbeitens. Aus der Fülle seiner Gedanken nur eine Probe: »Gott stirbt nicht an dem Tag, an dem wir nicht länger an eine persönliche Gottheit glauben, aber wir sterben an dem Tag, an dem das Leben für uns nicht länger von dem stets wiedergeschenkten Glanz des Wunders durchstrahlt wird, von den Lichtwellen jenseits aller Vernunft.«

Politik, vor allem, wenn sie Weltpolitik ist, hat viel mit Augenmaß, mit Rationalität, mit Analyse und Abwägen der Interessen zu tun. Wir fordern letztlich nichts anderes von unseren Politikern; und sie geben auch gern zu oder vor, dass sie nach diesen Tugenden handeln. Alles andere wäre auch schlimm. Doch offenbart dieser seinerzeit weltberühmte Politiker einen völlig anderen Wesenszug, einen völlig anderen Hintergrund. Er spricht in diesem Zitat von der Unerschütterlichkeit Gottes: Er ist in seiner Existenz, so sagt er hier, unabhängig von menschlichen Zuschreibungen, ob es ihn nun gäbe oder nicht. Gott braucht den Menschen nicht, aber der Mensch stirbt ohne Gott.

Das heißt allerdings nicht, dass wir tot umfallen, wenn wir nicht an Gott glauben. Es gibt viele Menschen ohne Gott, die ein wunderbares Leben führen. Es heißt aber, dass alles, was das Leben ermöglicht und überhaupt lebenswert macht, abhängig ist von Gott, ob wir das nun wahrhaben wollen oder nicht. Wenn unser Leben durchstrahlt wird von dem Glanz innerer Freude und Begeisterung, dann kommt das her von Gott. Wenn das Leben innerlich hell wird, sogar wenn die äußeren Bedingungen hart und finster sind, dann ist das Gabe Gottes. Und wenn das Wunder der Freude und des Lichtes aufhört, dann ist das Leben zu Ende. Mag sein, dass die biologische Uhr noch eine Weile weitertickt – ohne die Lichtwellen jenseits aller Vernunft vermag sich kein menschliches Leben zu halten.

Aus diesem Licht heraus handelte Hammarskjöld. Aus diesem Licht heraus nahm er seine Verantwortung für die Welt wahr. Politik und Glaube – bei Hammarskjöld gingen sie Hand in Hand.

66　Denk mal!

Für mich ist ›Denkmal‹ ein Imperativ, der aus zwei Wörtern besteht.« Fritz Grünbaum, der diesen Spruch erfand, war ein österreichisch-jüdischer Kabarettist und Conférencier. Er gehörte zu jener Sorte von Menschen, die ihre Ansichten und Einsichten in eine gleichzeitig unterhaltsame und tiefsinnige Form zu bringen vermochten. So gelang es auch mit diesem Spruch: »Für mich ist ›Denkmal‹ ein Imperativ, der aus zwei Wörtern besteht.«

Ein Denkmal ist in der Regel eine starre Skulptur. Sie zeigt irgendeinen Herrscher hoch zu Ross oder einen Dichter, der per Pegasus in den Himmel der denkmalgeschützten Unsterblichkeit geritten ist. Sie verführt im Ausnahmefall zum stillen Gedenken; zum Denken selbst scheint das Denkmal eher weniger Anreize zu geben. Es steht einfach da in seiner Starrheit, lässt den lieben Gott einen guten Mann sein und den vorübereilenden Menschen kalt. So geht es auch mit einigen geistigen Denkmälern.

Zum Beispiel ragen in unsere Alltagskultur immer noch in statuenhafter Starre biblische Figuren hinein. Über sie gibt es zwar bewegende Geschichten, sie aber bewegen die Gesellschaft kaum mehr. Die wichtigste Person in der christlichen Bibel ist Jesus Christus. Er wird schon noch in verschiedenen Zusammenhängen genannt, man darf auch Filme über ihn drehen und Romane über ihn schreiben; aber er darf sich oft sogar dort nicht mehr einmischen, wo man sich auf ihn beruft. Wo käme man auch hin, wenn man ein Wort ernst nähme wie: »Du sollst deinen Nächsten lieben wie dich selbst.« Man müsste sein ganzes Verhalten ändern, im privaten genauso wie im wirtschaftlichen und politischen Bereich. Ist es nicht wirklich besser, es im denkmalgeschützten Raum zu belassen?

Fritz Grünbein spricht das Wort Denkmal nur ein wenig anders aus: »Denk mal!« Und schon wird aus der starren Pose eines auf die Vergangenheit verweisenden Denkmals eine höchst lebendige Aufforderung, eine Bitte: Denk mal über die Person nach, die da deinen Wegrand schmückt. Und wenn man dann wirklich darüber nachdenkt, stellt man staunend fest: Die Empfehlung zur Nächstenliebe ist höchst aktuell. Sie hat ihren Nachhall in der bewundernswerten Spendenfreudigkeit, die in unserem Land immer wieder aufbricht, wenn irgendwo in der Welt eine Katastrophe geschieht. Sie macht unsere Gesellschaft menschlich. Denk mal eine Welt ohne das Ideal der Nächstenliebe! Es wäre eine kalte, grauenhafte Welt.

So, wie unser Land sie schon einmal erlebt hat. Weil man in der braunen Diktatur die Nächstenliebe nur noch als relikthaftes Denkmal einer überwunden geglaubten Zeit verstand, zogen Grauen und Menschenverachtung ein. Fritz Grünbaum starb 1941 im KZ Dachau, entkräftet von den unmenschlichen Schikanen der Nazis. Sein Denkmal, das ich hiermit setze, ist eine Bitte: Denk mal, wohin wir kommen, wenn Christi Wort von der Nächstenliebe nicht nur ein Denkmal bleibt! Und denk mal, was geschehen könnte, wenn wir einander lieben würden!

67   Der Herausforderer

»... auch hat er die Ewigkeit in ihr Herz gelegt.«
PREDIGER 3,11a

In den strahlend blauen Winterhimmel erhob sich langsam, einen weißen Schweif hinter sich ziehend, eine Rakete, begleitet von Tausenden staunender Augenpaare, darunter Augen von Kindern, deren Mutter mit an Bord war. Man hörte staunende und auch erleichterte Ausrufe der Beobachter auf Cape Canaveral. Aber die Freude währte nur kurz. Nach dreiundsiebzig Sekunden explodierte die Rakete, und die wenige Sekunden vorher noch strahlenden Gesichter verzerrten sich vor Schrecken und Entsetzen. Die zehnte Fahrt der Raumfähre »Challenger« – Herausforderer – war beendet. In der Raumkapsel verbrannten sieben Astronauten. Das geschah am 28. Januar 1986.

Die nachfolgenden Untersuchungen ergaben, dass bei Dichtungsringen gespart worden war und darum die Gluthitze an einer nicht dafür vorgesehenen Stelle nach außen drang. Die Katastrophe war somit in die Kategorie grobe Fahrlässigkeit einzuordnen. Die Raumfahrt erlitt dadurch einen erheblichen Rückschlag, zu Ende war sie damit noch lange nicht. Es fanden sich und es finden sich immer wieder Menschen, die die Gefahren auf sich nehmen und immer tiefere Tiefen des Weltraums erobern. Der nächste bemannte Flug in den Weltraum war nicht aufzuhalten.

Was ist es im Menschen, dass er sich sogar von Todesgefahren nicht schrecken lässt und sich immer wieder aufmacht, das Neue zu suchen? Es ist ihm offenbar einprogrammiert, die Enge seiner Umstände auszuloten und zu überwinden. Er verspürt den unstillbaren Drang, den Raum zu weiten und bis ins Unendliche auszudehnen. Es gehört zum Menschsein dazu, sich nach dem Unendlichen zu strecken. Die sieben Astronauten in der »Challenger« hatten sich so gesehen stellvertretend für die Menschheit in die Kapsel begeben.

Im Grunde war die Wurzel ihres Handelns eine Sehnsucht, die auch der Prediger Salomo, ein Autor in der Bibel, kennt. Er sagt, dass Gott den Menschen die Ewigkeit ins Herz gelegt habe. Diese Ewigkeit treibt den Menschen um. Sie ist seine ungestillte Sehnsucht. Die Suche des Menschen in den Tiefen der Schöpfung ist damit letztlich eine Suche nach eben dieser Ewigkeit und damit eine Suche nach Gott. Allerdings fährt der Prediger fort: »... nur dass der Mensch nicht ergründen kann das Werk, das Gott tut, weder Anfang noch Ende.«

Die Ewigkeit, die in des Menschen Herz gelegt ist, bleibt eine Utopie, die in der menschlichen Geschichte nicht einlösbar ist. Wenn wir es trotzdem versuchen – und wir müssen es versuchen –, fordert sie wie jede andere Utopie nicht nur den größten Einsatz von Kraft, sondern bringt Enttäuschung, gescheiterte Hoffnung, Kindertränen und Todesopfer mit sich. Und wie bei jeder anderen Utopie muss man sich fragen, ob sie es wert ist, dass Menschen einen so hohen Preis für sie zahlen. Die sieben Astronauten jedenfalls sind es wert, dass wir ihrer gedenken.

68   Noch mal Glück gehabt

>>Die Liebe Gottes
ist ausgegossen in unsere Herzen.<<
RÖMER 5,5

Da habe ich noch einmal Glück gehabt!<<, seufzt ein Autofahrer, wenn er noch gerade einem Unfall entronnen ist. Das Glück ist offenbar eine Art Zufall, der dazu geführt hat, dass Schlimmes verhütet wurde. Damit verbunden ist das Gefühl der Erleichterung. Es hätte auch anders kommen können!

Glück ist es, wenn ein Mensch plötzlich einen großen Gewinn einstreichen kann. Glück ist es, wenn ihm etwas unverhofft in den Schoß fällt. Er kann nichts dafür, dass ihn dieses Glück ereilt. Er hat es nicht verdient durch seine Arbeit oder dadurch, dass sein Lebenswandel untadelig ist. Dieses Glück wird einem nachgeworfen, unabhängig davon, ob jemand dieses Glück auch verdient. Doch auch wenn oder gerade weil das Glück unverdient und unverfügbar ist: Alle rennen nach dem Glück, wie es in einem Chanson von Bertolt Brecht heißt.

Allerdings hat das Glück einen Webfehler. Das Glück muss sich abfinden damit, dass es vergänglich ist. Oft dauert es nur Sekunden, oft Tage. Manches stille Glück begleitet einen Menschen wohl auch lebenslang. Aber auch dieses Glück endet und weicht zurück vor der Vergänglichkeit. Doch es gehört zum Glücklichsein, dass der Glückliche es nicht enden lassen will. Alles Glück will Ewigkeit.

»Große Freude hat das Gefühl der Unsterblichkeit in sich« (Gilbert K. Chesterton). Ein Glück, das sich abfinden muss mit der Endlichkeit und der Vergänglichkeit, enthält dagegen schon immer Trauer in sich und ist, wie der mittelalterliche Theologe Thomas von Aquin bemerkt, kein vollkommenes Glück. Das vollkommene Glück ist in dieser Realität nicht zu erwarten. Wenn es überhaupt existiert, muss es aus einer anderen Quelle kommen.

Nur an einer Stelle, so Thomas von Aquin, wird Hoffnung auf vollkommenes Glück möglich: Dort, wo Gott in Jesus Christus selbst Mensch wird und folgerichtig den menschlichen Tod erleidet und dann unerwartet, unerwartbar – die Jünger hätten es wissen können, sie hatten es aber nicht verstanden – vom Tode aufersteht. Die Auferstehung Jesu Christi sprengt die Grenzen dieser Welt. Da, und nur da wird die Begrenzung des Glückes durch die Vergänglichkeit aufgehoben. Wenn überhaupt irgendwo, dann ist hier, in der Auferstehung Christi, die Chance für vollkommenes Glück zu finden. »Das heißt, sie [die Auferstehung Christi; Anmerkung des Autors] eröffnet die Möglichkeit nicht endender Glückseligkeit jenseits des Todes, weil der Tod durch Gott getötet ist«, sagt die Dresdener Religionswissenschaftlerin Hanna-Barbara Gerl-Falkovitz.

Auch dies aber ist, wie jedes Glück, unverdient und unverfügbar. Und weil es unverdientes Glück ist, kommt es mitten in der Gebrochenheit der irdischen Existenz allen zugute, die sich nicht abfinden wollen mit der Realität der Vergänglichkeit und des Todes, sondern sich auf den auferstandenen Christus einlassen.

69   Ausnahmslos geliebt

»Wenn ihr mich
von ganzem Herzen suchen werdet,
so will ich mich von euch finden lassen.«

JEREMIA 29,13.14a

Ausnahmepianist. Ausnahmegeiger. Ausnahmesänger. Wer heute etwas gilt im internationalen Musikgeschäft, ist ein Ausnahmekünstler. Wenn ich vor einigen Jahren immer mit Ehrfurcht zu einem Künstler aufgeschaut habe, wenn er als Ausnahme gepriesen wurde, bin ich heute eher skeptisch. Das liegt daran, dass in einem Werbeprospekt eine CD-Firma einen Pianisten als Ausnahmepianist hinstellte, der meiner Meinung nach nicht besser und nicht schlechter war als jeder bessere Klavierlehrer an einer Musikschule. Aber das sagt sich so leichthin: Der Ausnahmepianist Sowieso hat seine Ausbildung erhalten bei …, und dann folgen Namen von Pianisten, die auch alle als Ausnahmepianisten gelten oder galten.

Schließlich stellt sich mir die Frage: Was qualifiziert eigentlich zum Beispiel einen international renommierten Pianisten als Ausnahme? Wovon ist er ausgenommen? Aus der Masse der namenlosen Pianisten landauf landab? Das sind viele andere Pianisten auch! Die Tatsache, dass er CDs produziert hat, nimmt ihn auch nicht aus: Das haben Hunderte vor ihm getan und werden Hunderte nach ihm tun. Dass er besser Klavier spielen kann als alle anderen Pianisten, ist nicht unbedingt gesagt; die kritischen Musikhörer sind da, siehe oben, oft ganz anderer Meinung. Oder ist er ganz einfach ein außergewöhnlicher Mensch? Das mag ja sein, aber auf einer CD oder während eines Konzertes ist das schlecht zu erkennen. Ist er außergewöhnlich jung oder außergewöhnlich alt? Auch das Alter qualifiziert einen Künstler offenbar nicht immer zur Ausnahme.

Was macht ihn dann zu einer Ausnahme, wenn nicht jeder respektable Künstler eine Ausnahme ist? Wenn aber tatsächlich jeder Künstler eine Ausnahme genannt werden kann, dann ist es keiner mehr. Jeden zur Ausnahme zu erklären, heißt, keine Ausnahmen zuzulassen. Eines jedenfalls scheint mir trotzdem sicher zu sein: Auf irgendeinem Gebiet ist jeder Mensch eine Ausnahme, sogar ein Pianist, denn er unterscheidet sich von jedem anderen Menschen, und das nicht einmal unbedingt deshalb, weil er gut Klavier spielen kann. Gleichzeitig ist auf anderen Gebieten niemand eine Ausnahme, nicht einmal ein Pianist.

Denn: Ausnahmslos jeder Mensch ist anfällig für Krankheiten. Ausnahmslos jeder Mensch hat Grenzen. Ausnahmslos jeder Mensch ist sterblich. Ausnahmslos jeder Mensch braucht andere Menschen. Ausnahmslos jeder Mensch ist darauf angewiesen, dass irgendein anderer Mensch ihn liebt. Ausnahmslos jeder Mensch – ob Pianist, Geiger, Sänger oder Otto Normalverbraucher – ist ein Geschöpf Gottes und wird geliebt von Gott. Da gibt es keine Ausnahme. Gott sei Dank!

70 Kaspartheater

> »Gott hat mir ein Lachen zugerichtet.«
>
> 1. MOSE 21,6a

Weh, unser guter Kaspar ist tot.« So beginnt ein Gedicht von Jean Arp, dem großen Dichter und Künstler des Dadaismus. Mir scheint, dieser Klageruf ist ein Symptom eines Zustandes, den Jean Arp vielleicht erst ahnte, den unsere Zeit jedoch erleidet. Der Kaspar, oft auch Kasper oder Kasperl genannt, steht für das heitere Kindertheater. Er verkörpert die Leichtigkeit des Seins, den Humor des Alltags, die Gewissheit, dass sich jede Verwicklung in einem großen Gelächter auflösen wird.

Wenn der Dichter nun darüber klagt, dass Kaspar tot ist, dann stimmt das mit meiner eigenen Beobachtung überein: Die Gewissheit, dass am Ende ein Gelächter die Schwere der Probleme in Wohlwollen und Leichtigkeit verwandeln kann, ist weithin verloren gegangen. Die Chefs der großen und kleinen Unternehmen erwarten von ihren Mitarbeitenden so viel Ernsthaftigkeit, so viel Hingabe und so viel Leistung, dass das Gelächter dabei manchem im Halse stecken bleibt. Auch von sich selbst erwarten viele Menschen, dass sie ihre Zeit so gewinnbringend ausfüllen, dass für Heiterkeit kein Platz bleibt. Materieller Gewinn, Gewinn in Beziehungen, in Emotionen oder in der Ausschöpfung der Freizeit – diese Güter sind offenbar so wertvoll, dass viele Menschen bereit sind, das Lachen dafür zu verlernen. Man lebt nur einmal, so lautet die Devise. Und das ist anstrengend.

Diese Einmaligkeit des Lebens scheint es zu verbieten, sich vom Lachen eines Kaspars anstecken zu lassen. Das Gelächter geht dabei verloren, die Heiterkeit geht dabei verloren, die das Leben einen Augenblick lang leicht macht. Verloren geht dabei die Muße, ja, sie wird sogar oft als Müßiggang verunglimpft. Wenn man aber die Muße, die Heiterkeit und das Gelächter verliert, ist die Gefahr groß, dass man dabei auch sich selbst verliert. Und die Folge davon, dass man sich selbst verliert, ist schlimmstenfalls der Tod der eigenen Seele. Deshalb wäre es falsch, den Tod Kaspars einfach nur so hinzunehmen. Unser Ruf müsste vielmehr lauten: »Gebt uns den Kaspar wieder!« Aber wer soll ihn uns wiedergeben?

In einer Geschichte der Bibel ist es Gott selbst, der einer uralten Frau das Gelächter zurückgegeben hat. Ihr Lachen war erstickt unter den Ansprüchen ihres Mannes Abraham, sie müsse unbedingt den Stammhalter gebären, um Gottes Verheißungen für die ganze Sippe zu erfüllen. Neunzig Jahre alt, so heißt es in der Geschichte, war sie, als Gott ihr einen Sohn verhieß. Da fing sie an zu lachen, zuerst verschämt und ungläubig, dann voll Freude. »Gott hat mir ein Gelächter bereitet!«, bekannte sie später. Und danach wurde dieser unzeitgemäße Sohn der Sarah auch genannt: Isaak. »Gott hat mir ein Gelächter bereitet.« Nach einem unfruchtbaren Leben war er ihr doch noch geschenkt worden. In ihrer Begegnung mit Gott lernte Sarah wieder lachen. »Kasperle ist wieder da!«, so hätte sie einstimmen können in den fröhlichen Gesang des kleinen Lebenskünstlers.

71 Die Waage

»Du hast ihn wenig niedriger gemacht als Gott.«

PSALM 8,6a

Für viele Menschen vergeht kein Morgen, an dem sie sich nicht dem Anblick einer Waage aussetzen. Und je nachdem, was die Waage anzeigt, wird es ein glücklicher oder ein ärgerlicher Morgen. Ich gestehe, dass ich auch zu denen gehöre, die manchmal panisch achtgeben auf ihr Gewicht. Dabei sind die Meinungen über mein Gewicht durchaus geteilt. Meine Kinder fragen mich: »Wo willst du denn abnehmen? Da ist doch nichts, was du abnehmen musst!« Aber meine beiden kleinen Neffen – Kindermund tut bekanntlich Wahrheit kund – haben sich bei meinem vorletzten Besuch köstlich amüsiert über meinen dicken Bauch. Danach kam die Waage in meinem Badezimmer zu neuen Ehren ...

Einmal klagte ich einem guten Freund mein Leid, dass ich nun schon wieder abnehmen und meinen Hunger bezähmen müsste. Er antwortete mir ganz lässig: »Sag mal, wofür willst du denn eigentlich abnehmen? So dick bist du nicht, dass medizinische Gründe dafür sprechen könnten. Du willst doch nur abnehmen, weil du ganz schön eitel bist.«

Hinter meinem Streben nach körperlicher Perfektion und Schlankheit steckte der Wunsch, anderen Menschen zu gefallen. Das ist auch nichts Ehrenrühriges. Schwierig wird es nur da, wo es eine Qual wird, dem herrschenden

Schönheitsideal zu entsprechen. Dann wird das Fasten zur Sucht, und der innere Motor ist die Suche nach Schönheit und Anerkennung.

Die chilenische Dichterin Gabriela Mistral (1889–1957) ging einen anderen Weg zur Schönheit. Sie verzichtete darauf, auf Waagen und Spiegel und dergleichen allzu viel Rücksicht zu nehmen. Ihre Schönheit nährte sich von etwas anderem. Eines ihrer Gedichte, an ihren Verlobten gerichtet, beginnt so: »Wenn du mich anblickst, werd' ich schön, schön wie das Riedgras unterm Tau. Wenn ich zum Fluss hinuntersteige, erkennt das hohe Schilf mein sel'ges Angesicht nicht mehr.«

Hier wird die junge Frau schön durch den Blick, den ihr Bräutigam auf sie wirft. Keine Hungerkur kann diese Schönheit ersetzen. Keine Kosmetik kann sie steigern. Diese Schönheit ereignet sich im Auge des Geliebten. Es ist die Schönheit, die nur die Liebe verleihen kann.

Das Gedicht der Gabriela Mistral ist nicht nur ein Liebesgedicht. Es ist auch ein Gedicht über die Gnade. Denn so, wie der Geliebte die Braut anschaut, wie die Braut ihren Bräutigam betrachtet, so schaut Gott mit gnädigen Augen auf uns. Im Auge Gottes werden wir schön. Diese Schönheit kommt völlig ohne Waage aus. Wir sind, wie immer wir auch aussehen, so schön in seinem liebenden Blick, dass er alles tut, was er nur tun kann, um uns für sich zu gewinnen.

72   Fleisch

»Das Wort ward Fleisch und wohnte unter uns.«

JOHANNES 1,14a

Ein neues Fremdwort hat das Licht der Welt erblickt: Carneologie. Initiiert hat es der Schriftsteller Volker Demuth, und er meint damit die Lehre vom Fleisch, und zwar vom menschlichen Fleisch. Es ist die Lehre also von dem, aus dem wir alle bestehen, unter dem wir alle leiden und das wir alle zu erhalten trachten. Volker Demuth geht dabei von der Beobachtung aus, dass das Fleisch neuerdings eine andere Aufmerksamkeit bekommt als in früheren Zeiten.

Die Zurschaustellung des Fleisches, vor allem des deformierten menschlichen Fleisches bestimmt zum Beispiel das Werk des Malers Francis Bacon. Auch die Popkultur entdeckt das Fleisch. Lady Gaga inszeniert nicht nur perfekt ihre eigene Fleischlichkeit – bei den MTV Video Music Awards 2010 am 12. September 2010 trug sie ein Kleid aus Rindfleischstücken.

Diese scheinbare Hochschätzung des Fleisches geht einher mit einer fundamentalen Abwertung. Fleisch wird zum Materiallager für Ersatzteile, wenn Sehnen, Nerven und Organe nicht mehr funktionieren. Damit wird das Fleisch zu einer Ware. Schon existieren internationale graue und schwarze Märkte für Leichenteile und Organe.

Die Philosophie des Fleisches, die Carneologie, nimmt diese Entwicklungen in den Blick. Die Frage ist nur, ob sie die Abwertung des menschlichen Fleisches als Gegebenheit hinnimmt oder sich dagegenstemmt. Zu Letzterem hätte sie allen Grund. Denn es gibt einen fundamentalen Unterschied zwischen dem Fleisch eines Tieres und dem des Menschen. Ein Tier weiß nichts von seiner Fleischlichkeit, ein Mensch weiß es sehr wohl. Ein Tier nimmt sich hin, wie es sich nun einmal vorfindet. Der Mensch aber kann sich selbst und sein Dasein als Fleisch reflektieren.

Sogar in ihren religiösen Vorstellungen beschäftigen sich viele Menschen mit dem Fleisch. Es bekommt in der christlichen Bibel dadurch seine Würde, dass Gott in Jesus Christus als Mensch zur Welt kommt, also im Fleisch dem fleischlichen Menschen begegnet. Überboten wird diese Wertschätzung menschlichen Fleisches noch dadurch, dass Jesus Christus nicht etwa als körperloser Geist auferstanden ist, sondern als Mensch mit allen Zeichen der Fleischlichkeit. Friedrich Wilhelm Oetinger dekretierte: »Leiblichkeit ist das Ende der Werke Gottes«, und die alte Kirche bekennt: »Ich glaube an die Auferstehung des Fleisches.« Selbst wenn man diesen Glauben nicht teilt, macht er doch etwas deutlich davon, dass das menschliche Fleisch keineswegs eine Verfügungsmasse ist. Vielmehr verlangt es Respekt und Aufmerksamkeit, weil es etwas, nun ja, ein besseres Wort gibt es nicht dafür: weil es etwas Heiliges ist.

73 Spiegelscherben

»... durch einen Spiegel ein dunkles Bild.«

1. KORINTHER 13,12

Wenn ein Spiegel zu Bruch geht, entstehen Scherben. Aber nicht nur das; wenn man genau hinschaut, sieht man, dass jede Spiegelscherbe ein eigener Spiegel geworden ist. Sieht man sich im Spiegel an der Wand einmal, dann in den Spiegelscherben am Fußboden viele Male, so viele, wie es eben Scherben sind.

In seinem Roman »Der Steppenwolf« beschreibt Hermann Hesse, wie sein Held Harry Haller in viele kleine Splitter eines zerbrochenen Spiegels sieht. Jeder dieser Splitter zeigt ein Abbild Harry Hallers, aber im Gegensatz zur alltäglichen Erfahrung gleicht kein Abbild dem anderen. Einige Scherben zeigen Harry Haller als Jugendlichen, einige als Kind, andere wieder als Erwachsenen oder als uralten Mann. Diese Zustände sind alle gegenwärtig, sind gleichzeitig in Harry Hallers Innenleben vorhanden.

Hesse beschreibt damit eine Wirklichkeit, die sich schon bei einer realistischen Betrachtung der eigenen Person beobachten lässt. Es gibt Anteile in der Persönlichkeit, die alt, also schon lange aktiv sind, es gibt Gedanken, die schon oft gedacht, Taten, die schon häufig getan wurden, Begabungen, die intensiv gepflegt wurden. Immer wieder aber drängen Gedanken, Taten und Begabungen ans Licht, deren Existenz bislang verborgen lag oder einfach nicht beachtet wurde. Sie sind jung, oft sogar geradezu kindlich.

Die Aufgabe Harry Hallers ist es, die verschiedenen Anteile seiner Persönlichkeit zu erkennen und zu integrieren, sie so zusammenzufügen, dass sie nicht nur nebeneinander, sondern miteinander existieren und sich im Miteinander entfalten können. Hermann Hesse legt dem Leser nahe, dass dies die Aufgabe des Menschen schlechthin sei.

Das ist sicher richtig. Das Problem aber ist, dass diese Aufgabe den Menschen heillos überfordert. Es wird nicht gelingen, die ganze Vielfalt der eigenen Person auch nur zu erkennen, geschweige denn auszuleben. Die Begrenztheit unserer Lebenszeit bringt es mit sich, dass wir immer nur Teile unseres Ichs ausleben können, niemals das Ganze. Immer werden wertvolle Möglichkeiten des Lebens ungelebt bleiben, immer wird unser Leben ein Bruchstück bleiben.

Doch ist es eine Grundüberzeugung christlichen Glaubens, dass menschliches Leben auch dann gelingen kann, wenn vieles oder sogar das meiste liegen geblieben ist.

Die ganze Fülle unseres Lebens kann sich dennoch entfalten, dann nämlich, wenn Gott uns ansieht. In seinem Blick sind wir nicht nur das, was wir leben können, sondern auch das, was wir hätten sein können, was in uns steckt. Diese Ergänzung meint der Apostel Paulus, wenn er sagt: »Jetzt erkenne ich stückweise; dann aber werde ich erkennen, wie ich erkannt bin« (1. Korinther 13,12). Gott erkennt, welche Fülle mein Leben enthält und wo ich an meine Grenzen komme. Und er selbst überschreitet meine Grenzen und verleiht mir Flügel – er »stellt meine Füße auf weiten Raum« (Psalm 31,9b).

74 Morgenröte

»... dass er auferstanden ist.«

1. KORINTHER 15,4

Das Wort Ostern soll von Ostara kommen, einer germanischen Frühlingsgöttin. Wenn das stimmte, so wäre es ein weiteres christliches Fest, dem nachgesagt wird, dass es auf eine vorchristliche Tradition zurückgeht, zumindest, was den Zeitpunkt des Festes im Frühjahr angeht. Aber diese Theorie ist höchst umstritten.

Der Hintergrund für diese Ostara-Theorie ist einfach zu erklären: Wenn das Fest älter ist als das Christentum, braucht man kein Christentum, um Ostern feiern zu können. Osterhasen und Ostereier genügen dann. Damit verliert aber dieses christliche Fest an Profil und Bedeutung.

Neuere Forschungen belegen jedoch – so heißt es in einem modernen Lexikon der Bräuche und Feste von Manfred Becker-Huberti –, dass das Wort für Ostern ursprünglich Eostro lautete und keinesfalls Ostara. Eostro bedeutet Morgenröte. Aus der lateinischen Kirchensprache sei es ins Germanische übergewechselt, denn in einer Kirchenordnung der Alten Kirche heiße es: »Niemand soll in dieser Nacht, also in der Nacht vor Ostern, schlafen, sondern wach bleiben bis zur Morgenröte.« Daraus sei dann die Bezeichnung Eostro – Morgenröte – für das gesamte Osterfest entstanden.

Ostern bedeutet also keineswegs eine christliche Vereinnahmung einer heidnischen Göttinnenverehrung. Ostern bedeutet, dass die Morgenröte aufstrahlt. Auch heute noch gibt es den Brauch, dass Christen in der Nacht zu Ostern wachen, bis die Morgenröte anbricht. Sie gedenken dabei der Nacht vor dem ersten Ostermorgen.

Der Evangelist Markus berichtet vom Ende dieser Nacht, dass drei Frauen – Maria aus Magdala, Maria, die Mutter des Jakobus, und Salome – sich aufmachten und zum Grab Jesu gingen. Man hatte ihn gekreuzigt und nach seinem Tod in ein Felsengrab gelegt. Die Frauen wollten seinen Leichnam einbalsamieren. Markus schreibt: »Und sie kamen zum Grab am ersten Tag der Woche, sehr früh, als die Sonne aufging.« Sie kamen also bei etwas fortgeschrittener Morgenröte. Im morgendlichen Licht der aufgehenden Sonne erkannten sie, dass ihr geliebter Jesus nicht mehr im Grab lag.

Nun hätte sein Leichnam ja auch weggeschleppt worden sein können. Die Frauen aber hörten die Botschaft: »Er ist auferstanden, er ist nicht hier« (Markus 16,6). Das ist das Urdatum des christlichen Glaubens: Jesus Christus ist auferstanden. Diese Überzeugung wird später gestützt durch verschiedene Erscheinungen des Auferstandenen; aber es ist von großer Symbolkraft, dass die erste Erkenntnis »Der Herr ist auferstanden« zur Zeit der Morgenröte aufbricht.

Denn die Botschaft von der Auferstehung Jesu ist selbst die Morgenröte im Leben seiner Jünger und Nachfolger. Sie bedeutet nichts Geringeres, als dass die Nacht des Todes, der jeder Mensch entgegengeht, zu Ende ist und der Morgen des Lebens angebrochen ist. Die Dunkelheit der Todesnacht ist nicht mehr endlos. Der Horizont lichtet sich und weicht der Morgenröte, der Botin eines neuen, kommenden Tages im Licht Gottes.

75 Kartoffelschälen

»Ich werfe die Gnade Gottes nicht weg.«
GALATER 2,21a

Dieser Wettbewerb sollte das Fest krönen. Es ging um eine einfache hausfrauliche oder auch hausmännliche Tätigkeit – um das Schälen von Kartoffeln. Etwa zehn Teilnehmerinnen hatten sich gemeldet, es waren tatsächlich keine Männer dabei. Unter ihnen war eine Frau, die kurz zuvor aus dem Krankenhaus entlassen worden war. Sie hatte eine große Krebsoperation hinter sich und war entsprechend geschwächt.

Nach einiger Zeit wurde das Ende des Wettbewerbs verkündet und die Frau machte sich angesichts der geringen Anzahl ihrer geschälten Kartoffeln keine Hoffnungen auf irgendeinen Gewinn. Zu ihrem Befremden interessierte sich die Jury aber überhaupt nicht für die Anzahl der geschälten Kartoffeln, sondern befasste sich intensiv mit den Schalen. Am Ende wurde die kaum genesene Patientin als Siegerin des Wettbewerbs ausgerufen. Es ging gar nicht um die Menge der geschälten Kartoffeln, sondern darum, wer die dünnsten Schalen produziert hatte. Darin war jene Frau Meisterin geworden. In ihrem langsamen Arbeiten hatte sie eine Sorgfalt angewandt, die ihre Konkurrentinnen hatten vermissen lassen. Die Freude über den unerwarteten Gewinn ließ die geschwächte Frau regelrecht aufblühen und markierte den Anfang eines Weges, an dessen Ende ihre Seele neue Kraft gewann.

Diese Geschichte, die einer Pfarrfrau wirklich passiert ist, enthält etwas ungemein Tröstliches. Am Ende eines Tages schaut so mancher zurück auf seinen Tag und fragt sich: Was habe ich denn nun heute eigentlich getan und geleistet? Oft macht sich das Gefühl breit: Im Grunde kann man diesen Tag vergessen. Da ist nichts zu sehen und zu merken von irgendeinem Erfolg, irgendeiner Leistung, die es rechtfertigen würde, diesen Tag gelebt zu haben. Und das, was am Ende dann ja doch getan und geleistet wurde, verdient den Namen Leistung nicht.

Doch Gott sieht die Dinge anders als wir selbst. Er sieht: Selbst in den leeren Tagen und Zeiten, auch dort, wo wir eigentlich am Ende unserer Kräfte waren, haben wir ja doch immer etwas getan, haben mit Menschen und Dingen Umgang gepflegt. Wir leben ja nicht im luftleeren Raum!

Es könnte doch sein, dass am Ende gar nicht das zählt, was wir zaghaft vorweisen, die paar Kartöffelchen, die wir geschält haben, sondern dass Gott uns das vor Augen hält, was wir eigentlich wegwerfen wollten. In unseren eigenen Augen ist es wertloses Zeug, der Müll des Alltags, Kartoffelschalen, nicht wert, wahrgenommen zu werden. Das können kurze Worte zwischen Tür und Angel sein, ein flüchtiges Lächeln, wer weiß! Jetzt aber, vor dem Urteil des Ewigen, gewinnt es ewigen Wert und verleiht unseren Tagen und unserem Leben einen Sinn, an den wir selbst nicht mehr geglaubt haben.

Die Bibel nennt das Gnade, und sie beschreibt diese Gnade so: »Der Stein, den die Bauleute verworfen haben, ist zum Eckstein geworden« (Psalm 118,22).

76 Hässliche Familie

»Wenn aber jemand Gott liebt,
der ist von ihm erkannt.«

1. KORINTHER 8,3

Der König erscheint mit seiner Familie auf einer Leinwand in Lebensgröße und stellt ganz offensichtlich den Reichtum des königlichen Hauses zur Schau: Prächtige Kostüme und Juwelen sowie Orden sind zu sehen. Den Mittelpunkt bildet Königin Maria Luisa mit ihren beiden jüngsten Kindern. Sie trägt ein ärmelloses Kleid, um die Schönheit ihrer Arme zu zeigen. Darauf war sie nämlich besonders stolz; kein Wunder, dass der Maler sie besonders genüsslich schilderte. So prachtvoll aber die Kostüme der königlichen Familie sind, so nichtssagend ist der Ausdruck ihrer Gesichter. Alle Beteiligten blicken starr geradeaus, kein Lächeln ist zu sehen, keine andere Gefühlsregung als satte Selbstzufriedenheit und gepflegte Langeweile. Hinzuzufügen ist eine Bemerkung der Königin, die allerdings nur anekdotisch überliefert ist. Sie soll beim Betrachten des Bildes zu ihrem königlichen Gemahl gesagt haben: »Sind wir wirklich so hässlich?« Die Antwort des Königs ist nicht bekannt. Die Tatsache aber, dass er das Gemälde akzeptierte, lässt darauf schließen, dass er dem Maler wohl recht gab.

Francisco Goya war es, der die königliche Familie derart schonungslos abbildete. Er lebte von 1746 bis 1828 und gehört zu den besten Malern, die Spanien je erlebt hat; seine Bilder sind teilweise von einer immer noch beklemmenden

Aktualität. Er avancierte zum Maler des Königshofes. Auch in dieser Funktion blieb sein Auge unbestechlich, und sein Pinsel malte ein getreues Bild der königlichen Familie.

Manchmal braucht man halt den klaren, analytischen Blick von außen, um zu erkennen, wer man und wie man wirklich ist. Der blinde Fleck, den jeder für sich selbst hat, lässt eine objektive Sicht auf die eigene Person oft nicht zu, von einem kritischen Urteil ganz zu schweigen. Dennoch gehört eine realistische Selbsteinschätzung zu einem aufrechten Leben einfach dazu. Die Frage nur lautet, wie man dahin kommt; es hat ja nun wahrlich nicht jeder einen Goya bei der Hand.

Der christliche Glaube besagt, dass Gott es ist, der den Menschen durch und durch erkennt. Vor seinem Blick kann man sich nicht verstecken. Jede Maskerade, und sei sie noch so freundlich, wird von ihm durchschaut. Vor Gott können wir nur so sein, wie wir wirklich sind. Wenn man sich das bewusst macht, kann der Blick auf die eigene Person besser gelingen, zumal ja Gott nicht nur die zweifelhaften Seiten an uns kennt. Er sieht auch unsere Scham, die uns packen mag, wenn wir ehrlich uns selbst gegenüber sind. Viele Menschen sind ja doch ziemlich verzweifelt, wenn es ihnen wieder einmal misslungen ist, den eigenen Idealen zu folgen. Und Gott sieht, wie wir uns Mühe geben, unsere Charakterstärken zu erkennen, zu pflegen und zu entwickeln. Und dort, wo wir nicht mehr weiterkönnen, weil wir uns in uns selbst verrannt haben, öffnet er uns Wege zu einem neuen Anfang. Deswegen können wir es aushalten, uns selbst so zu sehen, wie wir wirklich sind. Mit unseren Sonnen- und Schattenseiten sind wir Geliebte Gottes.

77 Einsamer Querkopf

»... aufsteigen vom Aufgang der Sonne her.«

OFFENBARUNG 7,2a

Ich liebe Aphorismen, diese kleinen geistreichen, philoso-
phischen Sinnsprüche. Immer wieder taucht in verschiedenen Aphorismus-Sammlungen der Name Hans Kudszus
auf. Ich war neugierig, wer das wohl sein könnte, der so
kluge Sachen sagt. Eines Tages fand ich bei meinem Buch-
händler unter dem Titel »Das Denken bei sich« eine gerade
erschienene Sammlung mit Sprüchen von Hans Kudszus.

In dem Vorwort erfuhr ich, dass er ein einsamer Quer-
kopf war und von 1901 bis 1977 gelebt hat. Ich schlug die
erste Seite auf; und schon der zweite Spruch schlug mich in
seinen Bann. Er lautet: »Auch im Dunkel der Nacht bewegen wir uns doch um die leuchtende Sonne.«

Jedes Kind weiß, dass die Sonne weiterleuchtet, auch
wenn es nachts dunkel ist. Man befindet sich lediglich auf
der Erdhälfte, die der Sonne abgewandt ist. Hans Kudszus
aber macht aus dieser Binsenweisheit einen Aphorismus.
Er war offenbar der Meinung, hinter dem astronomischen
Phänomen, dass die Sonne auch bei irdischer Dunkelheit
leuchtet, verberge sich eine Lebensweisheit.

Denn das Dunkel der Nacht galt von jeher als ein Bild
für Tage und Zeiten im menschlichen Leben, die von Unglück und Trauer bestimmt sind. Eine üble Diagnose bei
der routinemäßigen ärztlichen Untersuchung, der Abschied
von einem geliebten Menschen, finanzieller Ruin – es gibt

viele Anlässe, bei denen sich das Lebenslicht verdunkelt und die Seele nur noch nächtliche Schatten sieht. Dennoch aber – so meint Hans Kudszus – scheint die Sonne weiter, das Leben braucht nur eine halbe Umdrehung, und schon glänzt das Lebenslicht wieder.

Doch bleibt Hans Kudszus die Antwort auf die Frage schuldig, was das denn wohl für eine Sonne sei, die ein so dunkles Erleben erhellen kann. Er studierte unter anderem Theologie; da lernte er sicher auch den Pfarrer und Liederdichter Paul Gerhardt kennen. In dessen Lied »Ist Gott für mich, so trete gleich alles wider mich« heißt es: »Mein Herze geht in Sprüngen und kann nicht traurig sein, ist voller Freud und Singen, sieht lauter Sonnenschein. Die Sonne, die mir lachet, ist mein Herr Jesus Christ, das, was mich singen machet, ist, was im Himmel ist.«

Auch Paul Gerhardts Leben war vom Dunkel geprägt; er war ein ewiger Student, allerdings studierte er ausschließlich Theologie, er erlebte den Dreißigjährigen Krieg, und zu allem Überfluss starben vier seiner fünf Kinder im zartesten Kindesalter. Doch blieb er seiner Überzeugung treu, dass sich sein Leben auch in dunkelster Nacht um die eine Sonne dreht, die Jesus Christus heißt. Sie hört nicht auf zu leuchten, wenn unsere Tage dunkel werden, selbst dann nicht, wenn wir den Glauben daran verlieren, dass je die Sonne wieder scheinen könnte. Auch im Dunkel der Nacht bewegen wir uns um die leuchtende Sonne.

Eines Tages werden wir uns und das Leben wieder im Licht dieser Sonne sehen können.

78 Eckkneipe

»Ihr, die ihr das Wort der Wahrheit gehört habt.«

EPHESER 1,13a

Wir befinden uns in einer Berliner Eckkneipe. An der Theke sitzen schweigend einige Dauerzecher. Sie verstehen sich auch ohne Worte. Einige Tische sind mit Bratwurstessern und Biertrinkern besetzt. An einem der Tische sitzt einsam ein hagerer Mann und schreibt mit Bleistift ein paar Zettel voll. Plötzlich springt er auf und durchbricht mit lauter Stimme die Kneipenidylle. »Wahrheiten sind Wegweiser und keine Wirtshäuser«, ruft er den erstaunten Wirtshausgästen zu. Die schauen kurz auf, einer murmelt: »Ach, der schon wieder!«, dann widmen sie sich wieder ihren Würsten und Berliner Weißen. Hans Kudszus aber – um ihn handelt es sich – kehrt zu seinen Blättern zurück und tüftelt an neuen, überraschenden Aphorismen.

Wahrheit – was verführt zu mehr Bequemlichkeit, als wenn man eine Wahrheit besitzt?! Das Wort »besitzen« allein ist schon verräterisch: Wenn man etwas *besitzt*, bleibt man darauf *sitzen*, so wie der Zecher in der Kneipe auf seinem Barhocker sitzt, so lange, bis er nach Hause geht oder der Barhocker samt seinem Besitzer umkippt. Es liegt auf der Hand, dass man sich in solche Wahrheit nicht gern hineinreden lässt; wenn sie sich als brüchig erweisen sollte, müsste man ja aufstehen und sich eine neue Wahrheit suchen. Jedoch ist eine Wahrheit, die man besitzt, gar keine Wahrheit. Es ist vielleicht eine Ideologie, eine Weltanschauung. Auch die christliche Wahrheit, wenn man glaubt, sie zu besitzen, verkommt zu einer Ideologie, und nicht einmal zu der besten.

Wenn Jesus sagt: »Ihr werdet die Wahrheit erkennen, und die Wahrheit wird euch frei machen« (Johannes 8,32), dann ist dies nicht die Einladung zum Rasten auf einer Wirtshausbank. Es ist im Gegenteil der Startschuss in eine höchst bewegte, lebendige Zukunft. Alles ist wieder offen; die Akten über dem scheinbar Abgeschlossenen werden wieder aufgeschlagen, neue Pläne werden geschmiedet, neue Felder raumgreifender Tätigkeiten tun sich auf. Wer von dieser Wahrheit ergriffen wird, gehört zum wandernden Gottesvolk, das durch trockene Meere eilt, Wüsten durchquert, Berge übersteigt und Ebenen fruchtbar macht.

Die Wahrheit zeigt den Weg zu den Menschen, denen Unrecht widerfährt, die missbraucht werden an Leib und Seele. Sie zeigt den Weg zu den Trauernden und Verzweifelten, damit sie jemanden haben, in dessen Ohr sie klagen und an dessen Schulter sie weinen können.

Die Wahrheit Christi ist ein Wegweiser zu vielen Zielen; das Ziel jedoch, das über allen anderen steht, ist das Reich Gottes, das mitten in der gottlosen Welt anbrechen soll. Doch ist auch dieses Reich Gottes kein Besitz, für den man Anteilscheine kaufen kann, sondern steht als Ideal dem Wahrheitssucher vor Augen. Er kann und muss ihr entgegengehen; doch in diesem Leben ist es unerreichbar. So sind Christen in Bewegung und »jagen nach dem vorgesteckten Ziel« (Philipper 3,14a), wie der Apostel Paulus sagt, sie jagen nach dem Reich Gottes, immer dem Wegweiser Wahrheit folgend.

79   Die Klingel

Eigentlich sind sie immer pünktlich«, sage ich zu meiner Frau. Unsere Freunde kommen von weit her; und die Uhrzeit ist schon überschritten, zu der sie ankommen wollten. Ich mache mir bereits Sorgen um meinen Braten, ob der die längere Wartezeit wohl in genießbarem Zustand überstehen würde.

Da klingelt das Telefon. »Ich wette, sie haben sich verfahren«, sage ich. Aus dem Hörer klingt die wohlvertraute Stimme unseres Freundes. »Wo seid ihr denn?«, frage ich und lasse ihn kaum zu Wort kommen. Er antwortet: »Wir stehen vor deiner Haustür und fragen uns, wie wir reinkommen sollen.« Ich sage: »Ganz einfach – Klingel drücken und abwarten, was passiert.« – »Ja, was glaubst du denn, was wir die ganze Zeit tun?«, sagt er. Ich bin verblüfft. Ich lasse sie erstmal hereinkommen; dann probiere ich die Klingel – sie bleibt stumm wie ein Fisch. Gut, dass unsere Freunde ein Handy dabeihaben.

Der Besuch entwickelt sich aber nicht so, wie ich es mir vorgestellt habe. So lautstark die Begrüßungen gewesen sind, so schnell verebbt das Gespräch. Mit Mühe versuchen wir, bei den alten Zeiten anzuknüpfen, aber die Stimmung bleibt merkwürdig blass. Dann und wann irrt der Blick verstohlen zur Uhr: Ach, Gott sei Dank, so spät ist es schon. Bald wird der Abend zu Ende sein. Es scheint, als ob nicht nur die Klingel an der Haustür defekt wäre, sondern auch die Klingel an unserer Seelentür.

Will ich es damit gut sein lassen? Wir haben gut miteinander gegessen und getrunken, wir haben gut miteinander gelacht, wir haben einen erträglichen Small Talk miteinander geführt. Wir wissen voneinander, wie es uns beruflich geht und was die Kinder machen. Eigentlich könnte man zufrieden sein. Erwartet habe ich aber mehr. Erwartet habe ich, dass aus vier Herzen ein Herz, aus vier Seelen eine Seele wird.

Ich weiß nicht mehr, wer das Schlüsselwort gesprochen hat. War es eine Frage, die ich gestellt habe? Oder hat sie jemand anders gestellt? Es ist, als würde ein innerer Türöffner summen; es ist nur noch ein kleiner Ruck, und das Innere unserer Freunde liegt wie ein offenes Haus vor uns. Und auch ich gebe mir einen Ruck und schließe meine Seelentür auf. Es ist gerade noch rechtzeitig; wir haben noch gerade genug Zeit, diese neue Vertrautheit, dieses neue Vertrauen zu feiern und zu genießen.

Beim nun doch viel zu frühen Abschied sagt mein Freund: »Gut, dass wir uns noch etwas zu sagen haben. Dass die Klingeln zu unseren Herzenstüren doch noch funktioniert haben. Es hätte auch anders kommen können.« Und ich ergänze: »Es war ein Geschenk, dass wir uns dann doch noch wirklich begegnen konnten.« Und da wir beide Christen sind, wissen wir auch, dass es ein göttliches Geschenk war.

80 Schimpfender Autofahrer

»Vielleicht hat ... ein Engel mit ihm geredet.«

APOSTELGESCHICHTE 23,9b

Lautstark klingt das nicht druckfähige Schimpfwort über den Platz. Ein Autofahrer schreit es aus seinem geöffneten Autofenster. Von der beginnenden Hitze und der unklaren Verkehrslage genervt umschleichen die Autofahrer die Verkehrsinsel. In ihrer Mitte ist eine Straßenbahnhaltestelle, und eine Straßenbahn ist in Sichtweite. Ob der andere Autofahrer sie beobachtet hat und deshalb das Vorfahrtsschild übersehen hat? Jedenfalls hat er – und das ist nicht verwunderlich bei den schwierigen Vorfahrtsverhältnissen an dieser unübersichtlichen Kreuzung – dem schimpfenden Schreihals die Vorfahrt genommen.

Der solcherart in drangvolle Enge geratene Fahrer jedenfalls macht seinem genervten Herzen lautstark mit dem besagten Schimpfwort Luft. Was nun aber kommt, hat er sicher nicht gedacht. Die Fußgängerampel springt auf Rot, alle Autos halten plötzlich an. Der Übeltäter, der dem Schimpfenden die Vorfahrt genommen hat, verlässt seinen Wagen, geht zu seinem Kontrahenten, reißt ihm die Autotür auf und schreit ihn an: »Was hast du gesagt?« Jener antwortet, ebenfalls heftig erregt, mit eben dem beleidigenden Wort. »Komm raus!«, ruft der dieserart aufs Neue Beleidigte und fängt gerade an, ihn aus seinem Wagen herauszuzerren. Das kann ja heiter werden – eine Schlägerei mitten auf der Kreuzung!

Inzwischen aber hat auch die Straßenbahn gehalten, die Türen stehen offen; Menschen strömen heraus. Ein junger Mann in kurzen Hosen, mit langem Bart und noch längeren Haaren ist dabei. Er wirft einen kurzen Blick auf die Streithähne und sagt, noch nicht einmal sehr laut, aber sehr ruhig: »Hallo! Hallo! Hallo!«

Es ist verblüffend: Dieser kleine Zwischenruf genügt schon, um die beiden Autofahrer aus dem Konzept zu bringen. Wortlos begibt sich der eine zu seinem Wagen, wortlos schließt der andere seine Tür. Inzwischen zeigt die Fußgängerampel wieder Grün; ein Ruck geht durch die Autoschlange, und nach wenigen Minuten ist der Platz leer und träumt wieder in seiner sommerlichen Hitze vor sich hin.

Ich hätte den jungen Mann gern kennengelernt. Wie ist er auf den Einfall gekommen, mit so wenigen Worten zwei wütende Männer auf den Teppich friedlichen Nebeneinanders zurückzuholen? Was hat ihn getrieben, in diesen Streit einzugreifen und dies auf so besonnene Weise zu tun? Mir erscheint er im Nachhinein trotz seines etwas legeren Äußeren beinahe wie ein Engel. Zumindest hat er so gehandelt. Sollte er aber doch nur ein ganz gewöhnlicher Mensch gewesen sein, der nur das Herz auf dem rechten Fleck hatte, so hat er doch in dieser Situation im Geist Christi gehandelt, im Geist des Friedens und der Versöhnung. Auf diese Weise werden eben Menschen zu Engeln.

81   Mit Löffeln gefressen

>»So seid nun geduldig, liebe Brüder,
bis zum Kommen des Herrn.«

JAKOBUS 5,7a

Ich hatte einen Termin im Industriegebiet und wartete vor einer Fußgängerampel. Auf der anderen Straßenseite standen ein paar Männer. Sie trugen alle einen dunklen Anzug, sahen wohlgepflegt und gut gelaunt aus, kamen offensichtlich aus der Chefetage eines Industrieunternehmens. Sie waren wohl unterwegs zu ihrem Mittagstisch. Nach einer Weile, die Ampel stand immer noch auf Rot, setzte sich das »Alphatier« – früher sagte man »Leithammel« – der kleinen Horde in Bewegung und schickte sich an, die Straße bei Rot zu überqueren; die anderen taten es ihm gleich. Ich wartete brav am Straßenrand auf das Umspringen der Ampel. Die Herren kamen an mir vorbei. Der »Leithammel« sah mich ganz entgeistert an und sagte zu seinen Kollegen: »Der ignoriert uns einfach!« Die Entrüstung war seiner Stimme anzuhören.

Drei Dinge lernte ich aus diesem Vorgang. Erstens: Wenn jemand gewohnt ist, dass man ihm als Chef gehorcht, verlangt er das instinktiv von allen anderen Menschen, die ihm begegnen. Zweitens: Das ganz normale Einhalten der Gesetze wird von denen als Herausforderung empfunden, die sie ihrerseits herausfordernd übertreten. Drittens: Es ist nicht selbstverständlich, kein Herdentier zu sein und nicht jedem beliebigen Leithammel zu folgen.

Was ich hier im Kleinen erlebt habe, gilt auch im Großen. Viele »Alphatiere« unserer Gesellschaft setzen es als gegeben voraus, dass der christliche Glaube mit seinen Geboten und Lebenszielen – mit seinen roten und grünen Ampeln sozusagen – überholt und rückständig ist. Und viele Menschen folgen diesen Meinungsführern blind oder auch aus wohlberechneten Gründen. Wenn aber einer festhält an dem, was ihn in seinem Leben hält und trägt, am Wort von der bedingungslosen Liebe Gottes, am Leben in der Gegenwart Jesu Christi, wird er oft als unverschämte Herausforderung empfunden: »Der ignoriert uns ja einfach, uns, die wir doch die Weisheit mit Löffeln gefressen haben!«

Ich wünsche mir noch viel mehr Menschen, die so lebendig sind, so unangepasst an diese Gesellschaft, dass diese »Alphatiere« entrüstet sagen: »Der oder die ignoriert uns einfach!« Und ich wünsche, dass der, der das sagt, sich fragt: Warum ignoriert der uns? Hat er vielleicht Gründe? Gibt es vielleicht doch noch mehr in dieser Welt als die Arroganz der Macht?

Ich wünsche mir Menschen, die nicht darauf verzichten wollen, einem höheren Herrn zu dienen als den Herren dieser Welt. Sie zeigen damit, dass es nicht die »Alphatiere« sind, die das letzte Wort haben. Das letzte Wort behält sich Gott selbst vor. Es ist das Wort der Liebe, das er in Jesus Christus zu uns gesprochen hat. So meinte es auch der ehemalige Bundespräsident Gustav Heinemann, als er 1950 in Essen auf dem Kirchentag sagte: »Die Herren der Welt gehen. Unser Herr aber kommt!«

82   Der Ring

»Zur Freiheit hat uns Christus befreit.«

GALATER 5,1a

Ich entdecke einen kaputten Kaugummiautomaten, und eine Kindheitserinnerung steigt auf. Der Behälter, in dem die zu erwerbenden Waren lagen, war durchsichtig, und man konnte Kaugummis in den verschiedensten Farben erkennen, daneben aber auch allerhand Kleinigkeiten: Würfel, Fingerringe und andere Groschenware, an denen ein Kinderherz hängt. Man steckte seinen Groschen in einen Schlitz, und dann drehte man an einer Art Hebel. Was dabei herauskam, wusste man vorher nicht. Es war spannend: Blieb es bei einem Kaugummi, oder kam etwas wirklich Begehrenswertes?

Ein Junge, den ich gut kannte, zog einmal einen wunderbaren Fingerring. Er war golden und hatte ein schwarzes Schild, auf dem ein goldener Löwe abgebildet war. So einen Ring wollte ich auch haben, unbedingt!

Ich bot meinem Freund fünf Mark dafür an; aber er wollte ihn mir nicht verkaufen. So wechselte ich in einer Bank die fünf Mark in Groschen – also Zehnpfennigstücke – und begab mich mit diesem Reichtum an diesen Kaugummiautomaten. Man muss nur genug Groschen reinstecken, irgendwann kommt der Ring! So dachte ich, und so war es ja auch gemeint. Aber ach, nach dem zehnten Versuch gab der Apparat seinen Geist auf, und der Ring blieb in unerreichbarer Ferne.

Ich erhöhte das Angebot an meinen Freund auf zehn Mark, ein kleines Vermögen damals. So viel war mir der Ring wert. Meinem Freund aber auch; er gab ihn einfach nicht her. Er war eben kein Automat, in den man nur genug Geld hineinzustecken braucht und der das Gewünschte irgendwann ausspuckt. Er war ein Mensch mit der Möglichkeit, sich frei zu entscheiden. Von dieser Freiheit macht er auch heute noch reichlich Gebrauch. Gott sei Dank, und ich sage das ganz bewusst so; denn hinter der Freiheit des Menschen steht Gott. Er will, dass der Mensch das Automatenhafte überwindet und zu bewussten, freien Entscheidungen findet.

Denn auch Gott ist kein Automat. Viele Menschen hätten ihn gern so: Oben steckt man ein Gebetchen rein, und unten kommt die Erhörung raus, wohlabgepackt und leicht konsumierbar. Und wenn dieser himmlische Automat nicht funktioniert, wird man Atheist. Voller Enttäuschung beklagt man, dass da kein Gott sei, der Gebete erhöre.

Aber Gott ist kein Automat. Wir wollen ja schon als Menschen einen freien Willen haben und ihn behaupten, auch wenn die Hirnforscher uns ganz andere Dinge erzählen. Gott aber hat nicht nur einen freien Willen; er ist der, der den freien Willen geschaffen hat. Wie sollte er nicht völlig frei sein in dem, was er tut? Und das ist gut so. Denn in der Freiheit Gottes ist unsere Freiheit begründet, und in seinem Namen können wir alle Kräfte zurückweisen, die uns zu Automaten machen wollen.

83 Eine Schüssel zum Fünfzigsten

»Du sollst deinen Nächsten lieben
wie dich selbst.«

3. MOSE 19,18b

Wenn jemand fünfzig Jahre alt wird, ist das schon ein besonderes Geschenk wert. Meine Schwester brauchte eine Schüssel, so hatte ich bei meinem letzten Besuch gemerkt, groß genug, um einen opulenten Salat für ihre Familie und ihre Gäste darin anzurichten. Gar nicht so einfach! Halb Stuttgart bin ich dafür abgelaufen, ohne etwas Richtiges zu finden. Ich fand sie dann endlich in einem Geschäft in dem Vorort, in dem ich lebte. Sie war auch noch im Preis um die Hälfte herabgesetzt. Voller Freude erstand ich das kostbare Gut, nicht ohne noch die fünfzigfache Anzahl einer leckeren Süßigkeit hinzuzufügen. Zu Hause packte ich es ein. Doch plötzlich hielt ich inne und fragte mich: Reicht das wirklich? Fünfzig Jahre, und dann so eine unerwartet billige Salatschüssel? Nach einer kurzen Besinnungspause machte ich mich wieder ans Einpacken. Kam es denn auf den Preis an? Doch wohl kaum. Nicht der Preis bestimmte den Wert des Geschenkes, sondern die Wertschätzung meiner Schwester, die in diesem Geschenk zu Ausdruck kommen sollte.

»Heutzutage kennen die Leute von allem den Preis und nicht den Wert.« Was Oscar Wilde (1854–1900) für das 19. Jahrhundert formulierte, nimmt sich aus der Sicht des 21. Jahrhunderts geradezu als Prophetie aus. »Wieso?«, höre ich fragen, »gibt es denn da einen Unterschied? Erkennt man den Wert einer Ware nicht am Preis?« Ich frage zurück: »Ist ein Fünfzig-Euro-Scheck, aus Pflichtgefühl und mit leisem Bedauern um das viele Geld in einen Briefumschlag gesteckt, wirklich mehr wert als eine Schüssel, für die ein erwachsener Mann sich einen ganzen Nachmittag die Sohlen abgelaufen hat?« Das Entscheidende an einer Sache ist eben nicht der Preis, sondern die Botschaft, die sie mit sich trägt.

In einer Zeit, in der wir alles, aber wirklich alles kaufen können, vergessen wir allzu leicht, dass es Werte gibt, die nicht zu kaufen sind. Ich kaufe eine Salatschüssel, sie hat ihren Preis. Ihren Wert aber kann ich erst ermessen, wenn ich mir die Freude bewusst mache, die meine Schwester hoffentlich empfinden wird beim Auspacken des großen Paketes. Außerdem, so weiß ich, würden viele Menschen in der Welt sich unerhört reich vorkommen, wenn sie wenigstens eine solche Schale hätten. Ich kann den Wert einer Sache erst dann ermessen, wenn ich nicht nur mich selbst im Blick habe, sondern vor allem den Nächsten, dem ich etwas schenken will, zum Beispiel solch eine Salatschüssel.

Der christliche Glaube nennt diese Aufmerksamkeit für den Nächsten Nächstenliebe. Erst die Nächstenliebe gibt den Dingen ihren Wert. Erst dann, wenn ich im Empfangen und Geben einer Sache dem Nächsten begegne, wird aus einer materiellen Zuwendung eine Beziehung, und ein bloßes Ding wird zum Träger einer lebendigen Zuneigung zu einem Menschen.

84 Aus dem Nest gefallen

»Ihr seid besser als viele Sperlinge.«

LUKAS 12,7b

Auf unserem ehelichen Spaziergang sehen wir eine Frau, die vornüber gebeugt ins Gras starrt. Wir nähern uns; sie spricht uns an: Ob wir wissen, was wir mit einem kleinen Vogel tun können, der aus dem Nest gefallen ist?! Wir wissen es nicht. Aber wir schauen uns das kleine Wesen an. Ein kleines Häufchen Federn, ziemlich strubbelig und zwei wache Augen.

Wir sagen der Dame: »Bitte nicht anfassen. Vielleicht findet die Mutter ihr Vogelkind, dann darf es nicht nach Mensch riechen.«

Aus dem Nest gefallen – kann es etwas Schlimmeres geben für einen Vogel? Jeder Vogel braucht sein Nest, damit er überleben kann. Aus dem Nest zu fallen, das ist die Katastrophe schlechthin in einem Vogelleben. Und wenn wir ehrlich sind: Auch im Menschenleben gehört es zu den Katastrophen, kein Nest zu haben. Ohne Nest ist ein Mensch ohne Heimat, ohne Rückhalt und ohne Gemeinschaft. Ohne Nest ist ein Mensch unglücklich, und die Seele leidet Not. Ein Mensch ohne Nest ist so wenig überlebensfähig wie ein Vogel.

Ich kenne Jugendliche, die nestlos aufgewachsen sind. Die Eltern haben sich wohl gekümmert um körperliche Bedürfnisse. Aber für die seelische Bedürftigkeit ihrer Tochter, ihres Sohnes hatten sie und haben sie keine Zeit oder kein

Verständnis. Und so haben die Kinder niemals gelernt, wo die Grenzen sind, und sie glauben, sie könnten sich überall aufführen wie Graf Koks persönlich. Kein Wunder – sie werden einsam, ihre Seele verkümmert. Und dann, einfach um zu überleben, werfen sie sich in die Arme einer erstbesten Gruppe, gleich, ob sie die Nazifahne schwingt oder dem gemeinsamen Drogenkonsum huldigt. Hauptsache, es ist jemand da, der ihnen wenigstens eine Richtung zeigt, jemand, den sie anrufen können, wenn sie den Nachtbus verpasst haben oder wenn ihnen das Geld mal wieder nicht reicht.

Aber diese Nester sind löcherig; und irgendwann purzeln sie hinaus und liegen da, ein Häufchen Elend, ärger als je zuvor. Da helfen dann keine verschärften Strafen für jugendliche Täter; sie verschärfen nur die Bitternis in ihren Seelen. Man hätte verhindern müssen, dass sie ohne Nestwärme aufwachsen, sicher, dazu ist es nun zu spät. Aber man kann die Ursachen erforschen für die fehlende Nestwärme, und man kann sie heute bekämpfen. Und man kann sich derer liebevoll annehmen, die aus dem Nest gefallen sind.

Der katholische Pfarrer Wilhelm Willms hat einmal ein kleines Lied geschrieben: »Wie ein Vogel im Nest, so sind wir bei dir.« Wie ein Vogel im Nest fühlt er sich bei Gott. Wohl dem, der so ein Nest hat, und für ihn gilt es, für nestlose Menschen Nester zu schaffen. Ich bin glücklich, dass meine Kirchengemeinde ein solches Nest ist.

85　Ausländer zu Besuch

»Denn es ist erschienen
die heilsame Gnade Gottes allen Menschen.«

TITUS 2,11

In Bayern, Baden-Württemberg und Sachsen gibt es im Festkreis um Weihnachten einen zusätzlichen Feiertag. Gefeiert werden die drei Könige Caspar, Melchior und Balthasar. In den katholischen Orten gehen Kinder von Haus zu Haus, führen einen Stern vor sich her und sammeln Spenden für einen guten, das heißt im weitesten Sinn kirchlichen Zweck. Drei Anfangsbuchstaben werden mit geweihter Kreide an den oberen Balken der Haustür geschrieben: CMB, »Christus mansionem benedictat« – »Christus segne dieses Haus« –; im Volksmund bedeuten sie: Caspar, Melchior und Balthasar.

Dieser ganze Brauch leitet sich scheinbar aus der Weihnachtsgeschichte des Evangelisten Matthäus her. Dort besuchen Ausländer den neugeborenen Jesus und beschenken ihn mit wertvollen Gaben; Gold, Weihrauch und Myrrhe haben sie ihm mitgebracht. Das Problem ist nur: Die Quelle schweigt sich aus über die Anzahl der Männer; auch die Namen werden nicht genannt. Dort sind es auch keine Könige, sondern Weise, also Gelehrte, wohl als Astrologen zu denken. Denn sie suchen den Neugeborenen aufgrund einer Erscheinung am Sternenhimmel auf.

Ein neuer Stern ist aufgegangen; und da er von nie gesehener Leuchtkraft ist, muss er ihrer Meinung nach wohl die Geburt eines Königs anzeigen. Wie aus den Weisen drei Könige geworden sind, ist eine spannende Geschichte. Die frühen Ausleger der neutestamentlichen Überlieferungen suchten ständig nach Parallelen zur Geburt und zum Geschick Jesu im Alten Testament. Es gehörte zu den nicht hinterfragbaren Überzeugungen dieser Theologen, dass das Auftreten Jesu in allen Einzelheiten in der Bibel der Juden vorhergesagt worden sei. Man fand aber die Weisen nicht, sondern stattdessen Könige. In einem Psalm, dem biblischen Gesangbuch der Juden, fanden sie folgende Aussage: »Die Könige von Tarsis und auf den Inseln sollen Geschenke bringen, die Könige aus Saba und Seba sollen Gaben senden« (Psalm 72,10). Andere Bibelstellen verfestigten diesen Befund, sodass bald festzustehen schien: Es waren Könige, die sich vor dem Kind in der Krippe verbeugten.

Aus der Anzahl der Geschenke erschloss man die Anzahl der Besucher. Und schon hatte man sie, die drei Könige. Fehlten nur noch die Namen. Sie wurden im 6. Jahrhundert hinzugefügt. In protestantischen Regionen fanden Beruf, Namen und Brauchtum der Weisen aus dem Morgenland ein schnelles Ende, weil Martin Luther die Könige in der Bibel nicht fand und daher ablehnte. In den evangelischen Kirchen wird stattdessen das Fest Epiphanias gefeiert, zu Deutsch: das Erscheinungsfest. Damit ist gemeint, dass in Jesus Christus Gott unter uns Menschen erscheint, menschliche Gestalt annimmt und menschliches Schicksal teilt und wendet. Das allerdings ist des Feierns wohl wert, gleich, in welcher Kirche man gerade zu Hause ist.

86   Die Geige

»Leben ist mehr als die Nahrung.«

LUKAS 12,23

Ich höre ihn schon von weitem. In der Unterführung zur S-Bahn-Station steht er. Ein einsamer Mann mit seiner Geige. Kein Verstärker, keine konservierte Begleitmusik, wirklich nur das Instrument, sozusagen unplugged.

Es ist Montagmorgen, meine Anschlussbahn geht erst in acht Minuten, ich habe Zeit, dem Mann mit seiner Geige zuzuhören. Niemand sonst stört dabei, wir sind zu zweit allein. Die Töne, die er spielt, klingen ein wenig exotisch; es ist offenbar Musik der Sinti und Roma. Auch der Geiger scheint einem dieser Völker anzugehören. In seinem schäbigen Geigenkasten liegt nur wenig Kupfer und Messing. Ich füge meinen Obolus hinzu und ernte ein dankendes Kopfnicken.

Eine S-Bahn fährt ein; Augenblicke später quillt die Rolltreppe über vor eiligen Passanten. Der Geiger erntet nicht mehr als ein paar stumme Blicke; alle hasten an ihm vorüber. Geld klingt nicht in seinem Geigenkasten. Es wird wieder ruhig; der Mann ruft mir ein fremdartiges Wort zu. Ich verstehe es nicht und halte meine Hand ans Ohr. Er versteht meine Geste und fragt: »Aleman?« – also: »Deutscher?« Ich nicke, und er spielt weiter. Wieder ein Pulk von Reisenden. Der letzte von ihnen ist verschwunden.

Der Geiger hält inne. Er nimmt die Geige vom Kinn und bietet sie mir mitsamt dem Bogen an. Offenbar denkt er, ich sei ein Kollege. Ich lache und mache eine abwehrende Handbewegung. Ich spiele keine Geige. Langsam wird es für mich auch Zeit, meinen Bahnsteig aufzusuchen. Mein Zug braust jetzt heran. Fast bedaure ich, dass er schon kommt.

Es war für mich mehr als eine stille Oase in einer lauten, geschäftigen Welt. Für ein paar Augenblicke erhob sich eine Geigenmelodie über die graue Geschäftigkeit eines Montagnachmittages. Es gibt noch eine andere Welt, so klang es in meinen Ohren, als die alltägliche, in der Autolärm und das Donnern eines Zuges herrschen. Im Spiel des einsamen Geigers zeigte sich, dass Schönheit, Klang und Glanz lebendig sind, so bescheiden sie manchmal auch daherkommen. Sie verschaffen sich unmittelbar Raum und Beachtung für den, der zu musizieren weiß und nicht weniger für den, der zuhören kann.

Der Gipfelpunkt dieser Minuten war zweifellos erreicht, als der Geiger mir sein Instrument anbot – es war Vertrauen entstanden zwischen ihm und seinem Hörer. Solange es solche Augenblicke gibt, bleibt uns bewusst: Wir brauchen in der Welt des Dringlichen und Dinglichen nicht unterzugehen. Wir dürfen uns ein offenes Ohr bewahren für Schönheit und Vertrauen. Das macht unsere Tage transparent dafür, dass das Leben mehr ist als das Hasten und Hetzen zur Arbeit und zurück. Ich denke dabei an ein Wort, das Jesus seinen Jüngern sagte: »Das Leben ist mehr als die Nahrung und der Leib mehr als die Kleidung« (Lukas 12,23).

87 Feiern

>>Dieser nimmt die Sünder an!<<
LUKAS 15,2

Kreuzzüge – Hexenverbrennungen – Judenverfolgung – wir verstehen zu feiern! Ihre Kirche!<< Auf seinem schwarzen T-Shirt trug der junge Mann in der S-Bahn diesen Spruch vor sich her. Es gibt tatsächlich Phasen in der Geschichte des Christentums, die völlig unrühmlich sind und derer sich viele Christen jetzt noch schämen. Es nützt dabei auch nichts, die Gräueltaten von Menschen, die sich Christen nannten, aufzurechnen gegen Verbrechen, die im Namen anderer Religionen, Götter oder Ideologien verübt wurden. Wir schleppen diese Last mit uns bis an das Ende der Tage; und wenn wir sie einmal vergessen sollten, sorgen die Verächter des christlichen Glaubens schon dafür, dass wir uns schmerzvoll wieder daran erinnern.

Dabei wird verkannt, dass die christliche Botschaft eine ganz andere ist. Die Kirche beruft sich auf die Bibel, vor allem auf das Neue Testament. Dort lernen wir einen Jesus kennen, der das genaue Gegenteil von dem gepredigt und gelebt hat, was die Kirche in ihren finsteren Zeiten getan hat. Er ist der Maßstab, von dem aus das Tun der Kirche beurteilt werden muss.

Jesus aber tat das genaue Gegenteil dessen, was der junge Mann auf seinem T-Shirt geschrieben trug. Er hat keine Juden verfolgt, sondern war selbst ein Jude und hat das jüdische Volk geliebt. Eine Kirche, die Jesus treu bleibt, kann keine Juden verfolgen oder auch nur gering schätzen. Jesus hat keine Hexen dem Scheiterhaufen überantwortet, sondern hat die Frauen in seiner Umgebung geschätzt. Für ihn waren sie den Männern gleichwertig und ebenbürtig. Er gab ihnen ihre Würde zurück. Er hat unsichtbare Mauern zwischen Mann und Frau niedergerissen.

Und Kreuzzüge hat Jesus erst recht nicht unternommen. Er ging einen Kreuz*weg*; denn der Römer Pilatus verurteilte ihn zum Tod am Kreuz. Er starb lieber, als dass er mit Gewalt seine Ideale verteidigte. Er nahm den Tod bewusst auf sich und dokumentierte damit, dass auch der Tod die Liebe Gottes nicht überwinden kann. Diese Liebe richtet sich nicht gegen bestimmte Volksgruppen, gegen bestimmte Kulturkreise oder Religionen – sie gilt allen Menschen.

Eine Kirche, die Jesus treu bleibt, muss ihre Botschaft gewaltfrei, fair und dialogbereit zu den Menschen bringen. Wenn die Kirche feiert, dann nicht ihrer Entgleisungen wegen, sondern weil sie von dem lebt, der sich zu den Juden, den Frauen und den Bedrängten gestellt hat. Sie feiert Jesus, weil er sich auch zu der fehlbaren Kirche stellt, ihr trotz aller Verfehlungen treu bleibt und ihr immer wieder Umkehr und einen neuen Anfang ermöglicht.

Ich berührte beim Aussteigen den jungen Mann an der Schulter. Ich sagte: »Das sind Ihre Probleme mit der Kirche? Mann, Sie leben ja in vergangenen Jahrhunderten!« Er sperrte den Mund weit auf. Und fuhr mit der Straßenbahn davon.

88   Eine Eins

»Nach der Freude kommt Leid.«

SPRÜCHE 14,13b

Der Schüler kommt nach Hause und sieht in die erwartungsvollen Augen seiner Eltern. Er weiß: Sie warten auf die Rückgabe einer Klassenarbeit. Er zieht ein Heft aus der Schultasche, schlägt es auf und reicht es mit gespieltem Zögern seiner Mutter. Es ist eine Eins, und das auch noch in Mathematik, dem ungeliebten Fach. Die Eltern sind begeistert, der Vater greift in seine Gesäßtasche nach seinem Portemonnaie. Die Leistung seines Sohnes will er gebührend würdigen. Da merkt er ihm eine gewisse Zurückhaltung an und fragt: »Ist da noch etwas?« Der Schüler senkt den Blick und gesteht: »Ja, da ist noch etwas.« Wesentlich langsamer als vorher fördert er ein zweites Heft mit Klassenarbeiten zutage. Latein. Mangelhaft. Die Begeisterung der Eltern erlischt, das Strahlen auf dem Gesicht des Sohnes ebenso, und Ernüchterung macht sich breit. Das Portemonnaie des Vaters verschwindet wieder, ungeöffnet.

Endlich rafft sich die Mutter zu einer Bemerkung auf: »Ja, ja«, sagt sie, »Freude wechselt hier mit Leid!« Damit zitiert sie aus einem Kirchenlied, das früher oft gesungen wurde. Wenn du auf Erden auch eine Freude erlebst – so kann man diese Zeile verstehen – sei sicher: Das Leid holt dich wieder ein. Genauso hatte ich es an jenem Morgen erlebt, als meiner Eins in Mathe die Fünf in Latein folgte. Auch meine Eltern mussten dieses Wechselbad der Gefühle durchleben. Es ist anscheinend unabänderlich: Zum glücklichen Augenblick sagen wir vergeblich: »Verweile doch, du bist so schön!« Wir erfahren das Leben eher wie Victor von Scheffel: »Es ist im Leben hässlich eingerichtet, dass bei den Rosen gleich die Dornen stehn!«

Jenes alte Kirchenlied bietet demgegenüber jedoch ein Konzept an, das die Wechselfälle des Lebens in ein anderes Licht stellt. »Richt hinauf zur Herrlichkeit dein Angesicht!« empfiehlt es dem Sänger. Damit ist die Herrlichkeit des Himmels gemeint. »Himmelan, nur himmelan soll der Wandel gehn!«, so lautet die erste Zeile des Gesanges. Die Alternative zu der Wechselhaftigkeit des irdischen Lebens lautet nach diesem Lied also: Schau hinauf zur immerwährenden Herrlichkeit Gottes, und die vergängliche Last des Lebens wird dir leichter werden und ins Bedeutungslose verschwinden.

Nun bin ich nicht der Überzeugung, dass dies immer ein guter Rat ist; er hätte mich ja auch dazu führen können, vor lauter Frömmigkeit das Pauken der Lateinvokabeln weiterhin zu vernachlässigen. Richtig aber ist daran: Das Leid bei all seiner Härte ist nicht das Letzte, was unser Leben bestimmt. Das Letzte, so sagt die christliche Hoffnung, ist die Freude, von der wir in diesem Leben manchmal einen Abglanz erleben können, zum Beispiel, wenn ein Schüler eine Eins nach Hause bringt. »Vor dir«, so sagt der Psalm 16, »ist Freude die Fülle und Wonne zu deiner Rechten ewiglich.« Übrigens, auch das sei noch gesagt: Es war die einzige Eins, die ich in Mathe je geschrieben habe, aber keineswegs die einzige Fünf, die ich in Latein bekam.

89 Nur eine Linie

»... darum werde ich nicht fallen.«

PSALM 26,1b

Auf einem der großen Bildschirme am Bahnsteig ist er mir zuerst aufgefallen, längst hat er Kultstatus erreicht: Lui heißt er, auf Italienisch einfach Er, und die Zeichentrickserie trägt den Namen »La Linea«. Erfunden wurde sie von dem italienischen Cartoonisten Osvaldo Cavandoli. Lui erlebt die absurdesten Abenteuer; keines länger als vier Minuten. Das Besondere: Die Zeichnungen bestehen in der Regel nur aus einer einzigen Linie. Allein das ist schon skurril genug; aber eine weitere Absurdität macht Lui noch interessanter: Immer wenn ihm etwas nicht passt oder ihm etwas Unangenehmes zustößt, wendet er sich schimpfend und krakeelend an den Zeichner. Die Hand des Zeichners erscheint dann im Bild und zeichnet für Lui das, was dieser sich gerade wünscht: ein Auto zum Beispiel, eine Angel, ein Fahrrad – was eben so anliegt. Dann bricht Lui in lautes Hohngelächter aus. Für ihn ist sein Zeichner so eine Art Gott, den er bestürmt, wenn er irgendwelche Bedürfnisse hat; und die Hand seines Zeichnergottes reagiert meistens prompt.

Die Ähnlichkeit mit einer bestimmen Vorstellung von Gott, die sich viele Menschen machen, liegt auf der Hand. Ist er nicht der Meisterzeichner, der oben in den Wolken das Schicksal seiner Menschen vorzeichnet und beobachtet? Greift er nicht bisweilen sogar zum himmlischen Radiergummi, wenn Not am Mann ist oder die Völker aufeinanderschlagen?

Viele Zeitgenossen können an einen solchen Gott nicht glauben, und das aus gutem Grund. Sie irren sich aber, wenn sie meinen: Christen würden grundsätzlich auf eine solch primitive Gottesvorstellung hereinfallen und immer wieder tapfer diesen Gott bitten, er möge doch ihre Belange in Ordnung bringen. Wenn ihre ungläubigen Nachbarn sehen, Gott tut das nicht, dann fügen sie dem Schmerz des Betroffenen noch den Spott hinzu: »Wo ist denn nun dein Gott?« Dabei übersehen sie, dass gerade für einen Christen Gott kein Zeichner einer La-Linea-Figur ist.

Der Mensch ist ja auch keine La-Linea-Zeichnung, ohnmächtig den Launen seines Zeichners ausgeliefert, sondern ein freies Wesen, das Ja und Nein sagen kann, Entscheidungen treffen und sie durchführen kann. So ist der Mensch gedacht und geplant. Zu dieser Art Menschsein passt kein Gott, der alles in der Hand hat und gleichzeitig auf menschliche Bedürfnisse prompt reagiert. Die Freiheit des Menschen ist das Gegenstück zur Freiheit Gottes. In seiner Freiheit wendet sich Gott liebevoll dem freien Menschen zu, wirbt um seine Liebe und sein Vertrauen. Doch steht er nicht bereit wie ein Automat.

Ein anderes aber steht fest: Wenn der La-Linea-Zeichner seinen Lui am Ende der Episoden regelmäßig ins Bodenlose fallen lässt, dann tut Gott das genaue Gegenteil. Er hält uns, wenn wir fallen, und lässt uns nicht los.

90 Der verzweifelte Heimweg

»Musste nicht Christus dies erleiden?«

LUKAS 24,26

Ostern war für die wenigen Menschen, die dem Rabbi Jesus nachfolgten, eine Katastrophe ohnegleichen. Jesus sollte das Volk Israel retten. Stattdessen endete er am Kreuz, an einem Schandpfahl, entblößt, zum Spott und zur Belustigung einer sensationsgeilen Schar von Gaffern und Perverslingen öffentlich zur Schau gestellt. Konnte es schlimmer kommen? Es konnte. Die Nachfolger Jesu kannten die Schriftstelle, in der ein Mensch als von Gott verflucht dargestellt wird, der an einem Holz aufgehängt wurde. Genau das war mit der Kreuzigung passiert. Jesus, der Retter Israels, von den Menschen verhöhnt, gefoltert und getötet, von Gott verflucht – es war zum Schämen.

Und noch etwas anderes war zum Schämen: dass sie ihn alleingelassen hatten. Petrus hatte immerhin noch den Weg ins Innere des Palastes gewagt, um seinem Herrn nahe zu sein; aber dann log er den Umstehenden dreimal vor, dass er ihn nicht kenne. Von Judas, dem Verräter, ganz zu schweigen. Es blieb nur eines übrig: desillusioniert und enttäuscht den Heimweg anzutreten – Petrus zurück zu seiner Frau und seiner Schwiegermutter, Johannes und Jakobus zu ihrem Vater Zebedäus, und dann noch zwei anonym bleibende Jünger, die offenbar gemeinsam ein Haus irgendwo in der Nähe bewohnten. Die beiden gehörten nicht zum innersten Kreis, und so waren sie die ersten, die die unausweichliche Konsequenz aus dem so offensichtlichen Versagen Jesu zogen.

Und so sehen wir sie denn still vor sich hinbrütend auf dem Weg in ihr Dorf Emmaus schleichen, hoffend, niemand möge sie sehen. Doch da gesellt sich ein Dritter zu ihnen und fragt sie nach ihrem Kummer. Die beiden sind beinahe empört. »Bist du der einzige, der nicht weiß, dass sie die Hoffnung Israels gekreuzigt haben?«, fragen sie ihn. Er verwickelt sie in ein Gespräch und erzählt ihnen, dass in dieser Katastrophe Gott zu seinem Ziel kommt. Und zwar zitiert er dabei aus der Bibel, die sie kennen und die für sie Gottes Wort ist, aus dem, was wir Altes Testament nennen. Sie finden das so interessant, dass sie ihn in orientalischer Gastfreundschaft einladen, die hereinbrechende Nacht in ihrem Haus zu verbringen.

Der Gast lässt sich Brot bringen, spricht das jüdische Dankgebet: »Baruch atta adonai eloheinu, melech haolam ha-mozi lechem min ha aretz« – »Gepriesen seist du, Ewiger, unser Gott, König der Welt, der du die Erde lässest Brot hervorbringen.« Er bricht das Brot entzwei, und in demselben Augenblick bricht auch das Weltbild der beiden Gastgeber entzwei. Sie erkennen jetzt, wer sie da theologisch so weise belehrt hat, wen sie eingeladen haben und wer ihnen das Brot bricht: Es war der Gekreuzigte, Gestorbene und Begrabene. Sie erkennen: Er ist auferstanden. Aber sichtbar ist er schon nicht mehr. Er wird unsichtbar bei ihnen bleiben.

91   Die Vision

»Während aber Petrus nachsann
über die Erscheinung ...«

APOSTELGESCHICHTE 10,19a

Wer Visionen hat, sollte zum Arzt gehen.« Das ist das vielleicht bekannteste Zitat des Altbundeskanzlers Helmut Schmidt. Später hat er es bedauert: »Es war eine pampige Antwort auf eine dusselige Frage.«

Die Frage nach seiner Vision war deshalb dusselig, weil der Begriff Vision viel mehr umfasst als alles, was Politiker sich leisten können. Eine Vision sprengt das vorhandene Weltbild und bereitet ein neues vor. Dabei wird das Bestehende in Frage gestellt und etwas Neues, nie Dagewesenes wird im Ansatz sichtbar.

So war es auch mit der Vision des Petrus. Ein Tuch kommt vom Himmel herab mit lauter verbotenen, ekelerregenden Lebensmitteln. Ein Jude isst nun mal keine Molluskeln, kein Gewürm, kein Schweinefleisch und was es an leckeren Sauereien sonst noch gibt. Unerhört ist die Forderung: »Steh auf, Petrus, schlachte und iss!« Nein, er doch nicht als frommer Jude! Aber die Stimme lässt nicht locker: »Was Gott rein gemacht hat, nenne du nicht unrein!« Später erkennt Petrus, was diese Vision ihm sagen soll. Das Evangelium von Jesus Christus ist nicht begrenzt auf Israel und nicht gebunden an die israelitischen Speisevorschriften. Es gilt jedem, der daran glaubt, sei er Jude oder nicht. Diese Vision ist notwendig, damit die Botschaft von

Jesus die Grenzen der jüdischen Umwelt überschreiten und in die weite Welt gelangen kann. Jüdische Speisevorschriften dürfen die Verbreitung des Evangeliums nicht mehr behindern. Wichtig ist nicht das Verbot, Schweinefleisch zu essen, sondern das Angebot des Glaubens an Jesus Christus.

Beglaubigt wird die Vision dadurch, dass Petrus im Anschluss an seine Vision Besuch bekommt. Römische Männer wollen zu ihm, und sie laden Petrus ein, den zwar gottesfürchtigen, gleichwohl aber heidnischen Hauptmann Kornelius aufzusuchen. Durch seine Vision ist Petrus darauf vorbereitet: Das Evangelium von Jesus Christus wird die bestehenden Grenzen zwischen Juden und Heiden aufbrechen, und die umfassende Liebe Gottes in Jesus Christus wird aller Welt sichtbar gemacht. Diese Vision war kein Symptom einer Erkrankung. Sie war Ausdruck des Willens Gottes.

Ich kenne nur eine Vision aus unserer Zeit, die in ihrer Bedeutung an die des Petrus anknüpft. Das ist die Vision Martin Luther Kings, als er in seiner epochalen Rede »I have a dream« – »Ich habe einen Traum« – sagte: »Ich habe einen Traum, dass eines Tages auf den roten Hügeln von Georgia die Söhne früherer Sklaven und die Söhne früherer Sklavenhalter miteinander am Tisch der Brüderlichkeit sitzen können.« Diesen Traum könnte man als heilvolle, prophetische, geradezu biblische Vision verstehen, deren Erfüllung freilich noch aussteht.

92   Der Krakeeler

»Und das tut, weil ihr die Zeit erkennt.«
RÖMER 13,11a

Diese Nachtfahrt ist wirklich kein Honigschlecken. In Köln musste ich umsteigen, und nun sitze ich in einem Zug Richtung Bochum. An Schlaf ist nicht zu denken. Immer wenn ich gerade in leichten Schlummer versinke, brüllt ein junger Mann: »Komm, lass uns noch einen trinken!« Seine Kumpane antworten nur mit einem Brummen; auch sie wollen offensichtlich lieber schlafen.

Da klingelt ein Handy. Ich schaue auf. Nein, meines ist es nicht. Schließlich reckt sich mein Nachbar jenseits des Ganges aus dem Schlaf und greift in seine Jackentasche. Das Handy hat mittlerweile aufgehört zu klingeln; aber er sieht, wer ihn angerufen hat, und ruft zurück. Ein paar kurze Worte, mehr gemurmelt als gesprochen, dann, etwas ärgerlich: »Was kann ich dafür, dass der Zug so viel Verspätung hat!«

Ich schaue auf die Uhr. Der Zug hat gar keine Verspätung. Der Passagier steckt sein Handy weg und wendet sich an mich. »Wo sind wir eigentlich?«, fragt er. Ich antworte: »Der nächste Bahnhof ist Essen.« Er schaut mich groß an. »Wann kommt denn Duisburg, vor oder nach Essen?« Ich teile ihm mit, dass wir den Duisburger Bahnhof vor wenigen Minuten hinter uns gelassen haben. Jetzt ist er vollends erwacht, greift nervös zu seinem Handy. In Duisburg, so erfahre ich unfreiwillig, wartet seine Freundin auf ihn, und er hat den Ausstieg verschlafen. Peinlich. In Essen steigt er aus.

Der Zug fährt weiter und ich überlege, wieviel ich schon in meinem Leben möglicherweise verschlafen habe. Habe ich eine Begegnung versäumt, die mir und anderen Freude gemacht hätte? Habe ich eine Begebenheit verpasst, die mein Leben reicher gemacht hätte? Was habe ich in sorgloser Schläfrigkeit unterlassen? Ich weiß es nicht. Eines aber weiß ich ziemlich sicher: Wenn ich eine Begegnung mit Gott erleben möchte, sollte ich den rechten Augenblick nicht verpassen, den Augenblick, in dem ich die Gegenwart Gottes erfahren kann.

Das macht mich einerseits unruhig: Was geschieht, wenn ich diese Begegnung in meiner Lebensfahrt tatsächlich versäume? Doch mein Nachbar jenseits des Ganges hat auch dafür ein Beispiel gegeben: Ich kann aussteigen und die Richtung wechseln, kann umkehren. Und Gott schlägt keine Tür vor meiner Nase zu. Das ist immerhin ein nachdenkenswertes Ergebnis meiner Reise durch die Nacht. Zwar hatte der Krakeeler mich nicht schlafen lassen; und ich spürte leider die Folgen den ganzen Tag über. Trotzdem hat er mir einen Gefallen getan: Er hat mich daran erinnert, dass es für alles die rechte Zeit und den rechten Augenblick gibt – für das Schlafen wie für das Wachen, für die Ruhe wie für die Aktivität. Und wo ich die rechte Zeit verschlafen habe, kann ich in Gottes Namen umkehren. Das allein machte die Zugfahrt zu einer wichtigen Quelle geistlicher Erkenntnis.

93 Schweigen im Museum

»Lass dein Brot über das Wasser fahren;
denn du wirst es finden nach langer Zeit.«

PREDIGER 11,1

Es war eine bunte Menschenschar, die sich fröhlich
schnatternd in das kleine Museum drängte. Einige von
den Besuchern waren deutlich als Ausländer zu erkennen;
sie schienen zu den Sinti und Roma zu gehören. In einem
der Räume verstummte das Schnattern plötzlich und eine
geradezu beklemmende Stille trat ein. Die Frau an der Kas-
se verließ ihren Platz und suchte den betreffenden Raum
auf. Da standen sie mit weit offenen Augen und Mündern
und starrten auf eine Serie von Schwarz-Weiß-Bildern. Es
waren vor allem Porträts und Menschengruppen zu sehen,
alle mit großen Augen, aufgerissen vor Sorge, Angst und
Hunger.

Einer der so still gewordenen Betrachter wandte sich an
die Kuratorin und fragte: »Molari?« Da erinnerte sich die
Frau: Molari, das war der Name, mit denen die dort darge-
stellten Elendsgestalten den Maler belegt hatten: Molari,
der Maler. Die Frau nickte: »Molari.« Kurze Pause, dann,
deutsch radebrechend, der Frau zugewandt, mit dem Finger
auf sie zeigend: »Dann du – Eva!«

Da war es an der Frau, zutiefst getroffen zu sein. Erinnerungen an längst vergangene Zeiten stellten sich ein, als sie
als kleines Kind mit ihrem Vater nach Düsseldorf-Heine-
feld gekommen war. Dort gab es eine wilde Ansiedlung, so

nannte man das damals, von Zigeunern. Dort hatte ihr Vater sich mit den Außenseitern unter Lebensgefahr befreundet, denn Zigeuner wurden von Staats wegen verfolgt und in die todbringenden KZs gebracht – wir befinden uns in den dreißiger Jahren des vorigen Jahrhunderts. Otto Pankok aber, so der bürgerliche Name des Malers, scherte sich nicht um die Gefahren, sondern verewigte die Gesichtszüge seiner unangepassten Freunde durch seine genialen Kunstwerke. Er gab ihnen ihr menschliches Gesicht zurück und behandelte sie als seine Schwestern und Brüder. Seine Tochter Eva war als kleines Mädchen immer wieder dabei, wenn der Vater seine exotischen Freunde besuchte.

Die Menschen in Heinefeld lebten nun schon lange nicht mehr; niemand von den Besuchern des Otto-Pankok-Museums im Haus Esselte in Drevenack konnte Otto Pankok oder seine Tochter selbst gekannt haben. Dazu waren sie zu jung. Doch die Freundschaft dieses Malers und seiner kleinen Tochter mit den Ausgestoßenen der damaligen Gesellschaft war zu einer Erzählung, ja, zu einer Legende geworden, die jahre- und jahrzehntelang an den Lagerfeuern erzählt worden war. So hatte sie jeden Generationenwechsel überlebt und traf nun unvermutet auf eben jene Tochter. Aus den legendarischen Gestalten wurden wieder Menschen aus Fleisch und Blut, und die Begegnung fand ihre Fortsetzung nach langer Zeit. Allerdings war aus dem kleinen Mädchen die erwachsene Sachwalterin ihres Vaters geworden. »Lass dein Brot übers Wasser fahren; denn du wirst es finden nach langer Zeit.« Das Brot des Vaters erreichte nach langer Zeit die Tochter.

94   Klatsch und Tratsch

»Ja, ja.«

MATTHÄUS 5,37

Wenn alles sitzen bliebe, / Was wir in Hass und Liebe, / So voneinander schwatzen, / Wenn Lügen Haare wären, / Wir wären rau wie Bären / Und hätten keine Glatzen.« Wilhelm Busch, der Vater von Max und Moritz und der frommen Helene, hat diese entlarvenden Verse über die menschliche Geschwätzigkeit geschrieben, man könnte auch sagen: über die Klatschsucht als menschliches Phänomen. Über andere Menschen reden, das ist ein Vergnügen, dem sich nur wenige entziehen können. Da wird aufgebauscht, da gibt man vage Vermutungen für Wahrheit aus, Menschen werden gnadenlos durch den Kakao gezogen. Ganze menschliche Existenzen sind schon in Gefahr gekommen durch üble Nachrede und gedankenlose Verleumdungen. Da ist es nur ein kleiner Trost, wenn jemand wie ich eine Glatze hat und damit wenigstens scheinbar von dem Verdikt dieses Sechszeilers ausgenommen ist.

Die Einsicht, dass menschliches Geschwätz zerstörerisch sein kann, ist freilich älter als das Gedicht von Wilhelm Busch. Bereits die Bibel enthält reichlich Warnungen und Mahnungen, doch bitte die Zunge im Zaum und wenigstens ab und zu den Mund zu halten. Der Brief des Jakobus im Neuen Testament widmet diesem Thema einen ganzen Abschnitt (Jakobus 3,2-12). Die Macht der Sprache kann nach dieser Briefstelle gar nicht hoch genug eingeschätzt werden. Die Zunge wird verglichen mit dem Ruder eines großen Schiffes – an sich ist es klein, bestimmt aber die Richtung des ganzen Schiffes. Sie ist wie ein kleines Feuer, das einen ganzen Wald in Brand setzen kann. Tiere kann man zähmen, aber die Zunge ist unzähmbar und dazu voller Gift und Tücke, heißt es. Mit der Sprache kann man Menschen zerstören.

Allerdings kann man auch Gutes mit ihr verrichten. Man kann Gott loben, zweifellos eine gute Tat, wenn man Jakobus folgen will. Und mitten in den beunruhigenden Hinweisen, wie die Zunge missbraucht werden kann, findet sich die kleine Mahnung: »Das soll nicht so sein, liebe Schwestern und Brüder« (Jakobus 3,10b). Wer von dem einen Wort lebt, das Gott in Jesus Christus gesprochen hat, soll seine Worte wählen nach den Kriterien, die auch Jesus befolgt hat: Liebe zu Gott und den Menschen, Güte und Freundlichkeit.

Wenn wir uns das immer wieder vor Augen halten und unsere Rede daraufhin prüfen, tragen wir dazu bei, dass das private und politische Klima in unserem Land weniger aufgeregt und hektisch und die Redekultur erträglicher wird. Jesus sagte einmal: »Eure Rede sei ja, ja, nein, nein, was darüber ist, das ist von Übel« (Matthäus 5,37). Diese sprachliche Grenzziehung könnte schon so manches unüberlegte Gerede eindämmen und manches Unglück verhindern.

95 Terminkalender

»Ein jegliches hat seine Zeit.«

PREDIGER 3,1a

Wir leben im Zeitalter der Zeitverwaltung. Noch nie waren die Terminkalender so strukturiert wie heute. Auf die Minute genau wird festgelegt, wann was zu geschehen hat. Wochen, Monate, Jahre – sie sind angefüllt mit Vorhaben, Planungen, Zielsetzungen. Und das Zeitraster soll noch enger werden, damit man noch mehr tun kann in noch kürzerer Zeit. Milliarden Euro werden zum Beispiel verbaut, damit die Fahrt von Stuttgart nach Ulm zwanzig Minuten früher zu Ende ist.

Und dann, was macht man mit dieser Zeitersparnis? Antoine des Saint-Exupéry hat es bereits 1943 in seinem Buch »Der kleine Prinz« so kommentiert: »›Guten Tag‹, sagte der kleine Prinz. ›Guten Tag‹, sagte der Händler. Er handelte mit höchst wirksamen, durststillenden Pillen. Man schluckt jede Woche eine und spürt überhaupt kein Bedürfnis mehr, zu trinken. ›Warum verkaufst du das?‹, sagte der kleine Prinz. ›Das ist eine große Zeitersparnis‹, sagte der Händler. ›Die Sachverständigen haben Berechnungen angestellt. Man erspart dreiundfünfzig Minuten in der Woche.‹ ›Und was macht man mit diesen dreiundfünfzig Minuten?‹ ›Man macht damit, was man will ...‹ ›Wenn ich dreiundfünfzig Minuten übrig hätte‹, sagte der kleine Prinz, ›würde ich ganz gemächlich zu einem Brunnen laufen ...‹«

Auf die geschenkten zwanzig Minuten in Ulm übertragen würde der letzte Satz vielleicht so lauten: »Wenn ich zwanzig Minuten übrig hätte, würde ich ganz gemächlich zur Bierbar gehen und mir ein Glas Bier genehmigen.«

Stattdessen geschieht das, was Gert Heidenreich so ausdrückt: »Die Deutsche Bahn [...] hört nicht gern, wenn jemand es nicht für erstrebenswert hält, Milliarden auszugeben, um einen Gewinn von zwanzig Minuten zu erzielen. Sie tut so, als beschenke sie uns mit Lebenszeit, während wir längst darauf programmiert sind, die eingesparten 1200 Sekunden mit einer Verdichtung des Terminkalenders zu kompensieren.«

Mit anderen Worten: Die geschenkte Zeit ist längst schon wieder verplant. Dabei ist jede Planung, jeder Termin, jedes Vorhaben und jede Zielsetzung von dem abhängig, was das Buch der Sprüche in der Bibel so formuliert: »Des Menschen Herz erdenkt sich seinen Weg; aber der Herr allein lenkt seinen Schritt« (Sprüche 16,9). Das ist der göttliche Vorbehalt für alle unsere Zukunftsaussichten: dass Gott plötzlich einen Strich durch unsere Planungen macht.

Denn wir sind und bleiben anfällige, gefährdete und vergängliche Menschen. Wenn wir erleben, dass Krankheit und die Aussicht auf den Tod unsere Planungen zunichtemachen, dann werden wir nicht mehr danach fragen, wie viele Termine wir wahrgenommen und wie viele Planungen wir verwirklicht haben. Wir werden fragen: Wann habe ich Zeit gehabt für mein Leben unter der professionellen Zeitverwaltung?

96   Per Anhalter

»Seine Jünger fragten ihn.«
MATTHÄUS 17,10a

Ich war in einer Gegend unterwegs, in der es zum guten Ton gehört, Anhalter mitzunehmen, weil der öffentliche Nahverkehr nur sehr spärlich funktioniert. Am Straßenrand stand ein Mann, Ende zwanzig, und ich ließ ihn einsteigen. Wir kamen ins Gespräch, und bald fragte er nach meinem Beruf. Ich sagte, dass ich Pastor bin.

Das brachte meinen Fahrgast beinahe in Rage. Von Kirchen und vom Glauben, so sagte er, halte er nicht viel. Ich fragte nach seinen Gründen. »Ihr seid einfach weltfremd. Ihr habt keine Ahnung von dem, was da draußen vor sich geht. Ihr gebt vorgefertigte Antworten auf Fragen, die kein Mensch euch stellt«, erzählte er mir. Ich fragte, welche Antworten er denn meinte, aber er ging darauf nicht ein. »Euch fehlen die Fragen, und ihr erfindet sie einfach selbst und wundert euch dann, dass kaum jemand kommt, um eurem autistischen Frage- und Antwortspiel zu lauschen.« Ich dachte: Kollege, woher hast du eigentlich deine Weisheit? Deshalb fragte ich ihn: »Du weißt aber wirklich Bescheid. Sag mal, dann warst du sicher öfter mal in der Kirche?« Er schwieg eine Weile, dann gab er zu: »Das letzte Mal – ja – ich glaube, das war bei meiner Konfirmation.«

Ich musste innerlich grinsen. Das ist ja das Kennzeichen von Vorurteilen, dass man keine Ahnung von der Wirklichkeit hat und sie sich so zurechtzimmert, wie man sie gern hätte. Ich sagte: »Das ist doch schon mindestens fünfzehn Jahre her!« – »Dreizehn Jahre!«, sagte er. »Und das hast du damals so erlebt? Und du kannst dir nicht vorstellen, dass sich seitdem etwas geändert hat in der Kirche?«

Er wurde ein wenig verlegen. Aber er fasste sich wieder und fragte: »Was soll sich denn verändert haben?« Ich antwortete: »Wenn du das wirklich wissen willst, geh doch mal wieder in die Kirche und prüfe selbst, ob es noch so ist. Es kann natürlich sein, dass du genau das erlebst, was du mir erzählst. Es gibt natürlich Pfarrer, die sind einfach so. Aber dann gibt es ja noch eine andere Möglichkeit. Geh zu diesem Pfarrer und stell ihm deine Fragen. Und wenn du meinst, er sagt dir immer noch nur vorgefertigte Antworten, lass nicht locker, bis seine Fassade zerbröselt und der glaubende und zweifelnde Mensch dahinter zum Vorschein kommt. Dabei könntest du erleben, wenn du ihn so in Frage stellst, dass er sich wandelt. Oder dass sich wenigstens das Bild wandelt, das du von ihm hast. Und aus jemandem, der scheinbar alle Antworten schon weiß, wird einer, der selbst anfängt, Fragen zu stellen. Dann seid ihr plötzlich eine Gemeinschaft von Menschen, die sich gegenseitig Fragen stellen. Diese Gemeinschaft der Fragenden ist vielleicht hilfreicher als jede Antwort. Die christliche Gemeinde jedenfalls ist immer auch eine Gemeinschaft derer, die nicht aufhören, nach dem Woher und Wohin der Dinge und Ereignisse zu fragen.« Der Anhalter sagte nur noch: »Können Sie bitte anhalten? Ich muss jetzt aussteigen.«

97   Erbsensuppe

»Nehmet, und esset.«

MATTHÄUS 26,26b

In einer ostfriesischen Gemeinde soll ein neuer Pfarrer gewählt werden. Drei Kandidaten haben sich zur Verfügung gestellt. Jeder von ihnen hält einen Gottesdienst; und die Gemeinde soll später entscheiden, wem sie in Zukunft zuhören will. Einer ist sich unschlüssig, wem er seine Stimme geben soll, und er fragt den Küster, auf dessen Urteil er auch sonst immer viel gibt.

Der Küster antwortet: »Stell dir vor, du kommst in ein Haus und hast Hunger. Der erste Pfarrer gleicht einem Hausherrn, der dir sagt: ›Du hast Hunger? Hier gibt es was zu essen.‹ Der zweite Pfarrer sagt dir: ›Du hast Hunger? Ich habe Erbsensuppe.‹ Der dritte macht eine große, einladende Handbewegung und sagt: ›Du hast Hunger? Komm herein, mein Freund, ich habe eine köstliche Erbsensuppe auf dem Herd stehen; und eine gute Wurst bekommst du auch noch dazu.‹ Zu wem von den dreien würdest du am liebsten gehen?« Die Wahl fällt dem Fragesteller nun nicht mehr schwer. Er entscheidet sich − wie übrigens die ganze Gemeinde − für die einladende Geste, die köstliche Erbsensuppe und die Wurst. Und er hat recht daran getan; der Pfarrer hat sich während seiner langen Dienstzeit die Achtung seiner Gemeinde mehr als verdient.

Der etwas ländlich-derb erscheinende Vergleich seiner Predigt mit einer deftigen Mahlzeit war also zutreffend.

Er ist es nicht nur für die offenbar sehr speziellen Predigten dieses Pfarrers, sondern für das Ganze des christlichen Glaubens. Lehrsätze mögen hohl wirken, Dogmen mögen überholt sein, intellektuelle Erkenntnisse mögen nach den Worten Hermann Hesses nur »Papier« sein – der christliche Glaube, wenn er denn recht verstanden wird, betrifft den Menschen in seinen elementaren Bedürfnissen und eben auch in seiner Fähigkeit zu genießen.

Der jüdische Philosoph Jeschajahu Leibowitz geht gar so weit, dass er sinngemäß sagt: Wenn eine Religion nicht übers Essen nachdenkt, ist sie gar keine Religion. Darum ist es nicht verwunderlich, dass auch in der Bibel oft vom Essen geredet wird. Ob es die Nahrungszuteilung im Paradies ist oder der Verkauf der Erstgeburtsrechte für ein Linsengericht, ob opulente Gastmahle abgehalten werden oder das süße Manna in der Wüste sozusagen vom Himmel regnet, immer wieder wird der Mensch ernst genommen in seiner Suche nach Nahrung und nach Wohlgeschmack.

Seinen stärksten Ausdruck findet das biblische Essen in der Feier des Abendmahls. Brot und Wein geben sozusagen eine Kostprobe davon, wie der Glaube schmeckt. Es ist der köstliche Geschmack des Elementaren und des Besonderen.

98 Das Bild

>»Du sollst dir kein Bildnis
noch irgendein Gleichnis machen.«

2. MOSE 20,4a

Dies Bildnis ist bezaubernd schön, wie noch kein Auge je geseh'n! Ich fühl' es, wie dies Götterbild mein Herz mit neuer Regung füllt. [...] Soll die Empfindung Liebe sein? Ja, ja, die Liebe ist's allein.« So wie Tamino sich in Mozarts Oper »Die Zauberflöte« in das Bildnis der Pamina verliebt, so glauben viele Menschen, einen anderen Menschen zu lieben und lieben doch nur ein Bildnis. Sie lieben das innere Bild, das sie sich vom vorgeblich geliebten Menschen gemacht haben.

Wenn sie das tun, verstoßen sie gegen das zweite Gebot. Darin geht es zwar darum, dass wir uns von Gott kein Bildnis machen sollen; genauer: dass wir keine Götzenbilder herstellen und anbeten sollen. Aber Max Frisch, Schriftsteller aus der Schweiz, bezieht es auch auf den Menschen: »Du sollst dir kein Bildnis machen, heißt es von Gott. Es dürfte auch in diesem Sinne gelten: Gott als das Lebendige in jedem Menschen, das, was nicht erfassbar ist.« Du sollst dir kein Bildnis machen, das gilt auch in unserer Beziehung zu anderen Menschen. Dass wir es immer wieder tun, steht jedoch fest; und darin besteht nach Max Frisch die Versündigung, die Schuld, die wir auf uns laden.

Indem ich von dem anderen ein Bildnis erschaffe, lege ich ihn fest auf meine Vorstellung, wie er ist. Er hat keine

Chance, wirklich erkannt und geliebt zu werden. Sein eigentliches Menschsein, seine Seele bleiben mir verborgen. Mehr noch, ich sorge dafür, dass er so wird, wie ich ihn mir vorstelle. Ich forme ihn nach meinen Vorurteilen und Bedürfnissen. Dabei gebe ich zwar vor, ihn zu lieben, bleibe in meiner Liebe aber nur bei mir selbst. Ich liebe ja nur das Bildnis, das ich mir selbst von ihm gemacht habe. Eine wirkliche Begegnung findet nicht statt.

Wenn dann aber der eigentliche Charakter des Menschen durchbricht, dem ich meine Liebe versichert habe, ist die Enttäuschung oft groß: »Das hätte ich nicht von dir gedacht!«, sagen wir. Nun passt der andere plötzlich nicht mehr in das Bild, das ich mir von ihm gemacht habe. In der Regel ist damit die ach so große Liebe erkaltet. Wir haben ihn ja auch gar nicht wirklich geliebt. Denn Liebe ist, um es wieder mit Max Frisch zu sagen, die »Bereitschaft, einem Menschen zu folgen in allen seinen möglichen Entfaltungen. Vieles sieht er [der Liebende] wie zum ersten Male. Die Liebe befreit es aus jeglichem Bildnis.«

Die Liebe kann also lebendig bleiben, wenn sie dem anderen erlaubt, die Bildnisse zu zerstören, die ich von ihm mache. Der geliebte Mensch darf sich verändern, sich verwandeln; er darf ein anderer werden. Für mich sind dann die Veränderungen, die der andere durchlebt und durchleidet, keine Bedrohung, kein Bruch. Sie sind Überraschung, Bereicherung und nie endendes inneres Abenteuer; ich akzeptiere sie oder empfange sie sogar mit Freude. Lieben heißt, dem zweiten Gebot folgen und sich kein Bildnis zu machen, weder von Gott noch vom geliebten Menschen.

99 Am Bauzaun

»Die Gier der Gottlosen stößt er zurück.«
SPRÜCHE 10,3b

Am Bauzaun eines verkehrstechnischen Großprojektes in einer deutschen Großstadt finde ich in Großbuchstaben den lapidaren Satz: »Gier frisst Hirn.«

Auch wenn dieser Satz stimmt: Gier ist die Haltung, die das Lebensgefühl vieler Menschen bestimmt. Gier lässt den Discounter eine grüne Wiese sehen, und vor seinem inneren Auge entsteht sofort ein Supermarkt mit einem großen Parkplatz. Gier lässt den Konsumenten seinen kleinen Laden um die Ecke im Stich lassen und in eben jenen Supermarkt fahren, weil er dort seine Waren um ein paar Cent billiger bekommen kann. Gier lässt den Menschen des Westens andere für dieses sein Laster zahlen: Kinder müssen seine Kleider nähen für ein kindgerechtes, also beschämend kleines Gehalt, Arme müssen seine Nahrungsmittel produzieren; und die Armen bleiben arm dabei. Gier lässt ihn den Lebensraum für die Tiere beschneiden, bis sie ausgestorben sind. Der ganze Planet Erde leidet unter der Gier des Menschen; wie lange er noch Lebensraum und Nahrung für sein gierigstes Produkt – den Menschen – bereithalten kann, ist ungewiss.

In der Bibel wird die Gier schon durch das zehnte Gebot untersagt: Du sollst nicht begehren! In der jüdisch-rabbinischen Auslegung dieses Wortes wird festgestellt, dass die Übertretung dieses Gebots die Übertretung aller Zehn

Gebote mit sich bringt. Wer nach dem Besitz seines Nächsten giert, ist irgendwann bereit, sich diesen selbst oder doch Gleichwertiges unter den Nagel zu reißen; wer die Frau des Nächsten begehrt … und so geht es weiter. Die Gier macht aus rechtschaffenen Menschen sittlich-moralische Monster.

Das liegt daran, dass dahinter eine tiefergehende Gier steckt, die Gier nach Leben. Weil die herrschende Weltanschauung vielen Menschen die Hoffnung auf das ewige Leben ausgetrieben hat, muss alles, was das Leben bieten kann, auf den schmalen Raum der wenigen Lebensjahrzehnte zusammengepresst werden, die ein Mensch auf Erden nun mal zu leben hat. Neben den Tod tritt ein anderer, beinahe noch ärgerer Widersacher des Lebens: das Versäumnis. Man darf nichts versäumen in den kurzen Lebensjahren; danach ist Schluss, das Versäumte lässt sich nicht einholen. Also muss man das jetzt und hier einholen, koste es, was es wolle. Und auf der Jagd nach dem Kostbaren, das es zu erringen gilt, werden die Fäuste hart durch den Kampf und noch härter durch den Krampf, mit dem das Errungene festgehalten wird. Und wo die Fäuste hart werden, wird es irgendwann auch das Herz. Die Gier lässt das menschliche Herz erhärten.

Das allerdings wäre eine wenig erstrebenswerte Folge; man versäumt dabei, was das Leben wirklich lebenswert macht: die Offenheit für alles Neue und die Gemeinschaft mit den Menschen, die man liebt. Ob das Leben mit dem Tod wirklich völlig aus ist – diese Frage ist durchaus nicht entschieden. Dass man sie aber mit einem gierigen Herzen für sich selbst so entschieden hat, sollte nach alledem nicht mehr fraglich sein.

100   Nur für Dumme?

»Das Wort vom Kreuz ist eine Torheit ...«

1. KORINTHER 1,18a

Ist der Glaube nur etwas für die Dummen? Die Wochen-
zeitung »DIE ZEIT« veröffentlichte einen Artikel über
den Atheismus. Unter anderem wurde die Vermutung geäußert, der Atheismus sei eine Frage des Verstandes. Zeichen dafür sei, dass etwa dreiundneunzig Prozent der Wissenschaftler Atheisten seien und nur etwa sieben Prozent
an einen persönlichen Gott glaubten.

Hier ist es aber wie so oft, wenn Zahlen zitiert werden:
Die eigentliche und aufregende Nachricht lautet nicht,
dass so viele Wissenschaftler Atheisten sind; sie besteht
im Gegenteil darin, dass doch noch so viele an Gott glauben! Offensichtlich gibt es Menschen mit einem brillan-
ten Verstand, die dennoch oder gar deswegen gottgläubig
sind. Außerdem wandern viele gläubige Intellektuelle in die
Theologie. Überhaupt ist es sehr angreifbar, Verstand und
Glauben gegeneinander aufzurechnen in dem Sinne, dass
nur dumme Menschen an Gott glauben. Das ist eine Diffa-
mierung der Menschen und der Religion. Zudem stellt sich
die Frage, wie nahe man mit diesen Aussagen der Ideologie
des glaubenslosen Übermenschen kommt, der das Recht
haben soll, sich über Glaubende als die Rückständigen zu
erheben.

Wenn man in einer Gegenprobe alle glaubenden und
praktizierenden Christen in unserem Land zusammen-

zählt, kommt man ebenfalls auf etwa sieben Prozent. Der Anteil der Gläubigen bei den Wissenschaftlern entspricht also dem Anteil der gesamten Bevölkerung einer freien Gesellschaft wie der unseren. Beweisen lässt sich damit also nichts, schon gar nicht, wie viel Dummheit oder Klugheit zum Glauben oder Unglauben gehört.

Die geringe Zahl der Christen hier wie dort sollte nicht verwundern. Es wird immer nur wenige Glaubende geben. »Fürchte dich nicht, du kleine Herde!« (Lukas 12,32a), ruft Jesus seinen Jüngern zu; und: »Die Pforte ist eng, und der Weg ist schmal, der zum Leben führt; und wenige sind ihrer, die ihn finden« (Matthäus 7,14). Der Glaube an Jesus erschließt sich in der Regel nur einer Minderheit. Kinder gehören dazu, Menschen mit engem Horizont natürlich und ebenso Intellektuelle mit einem weiten Verstand. Nicht der Intellekt entscheidet über den Glauben, sondern der Ruf Gottes und das Hören auf ihn.

Manchmal – das sei allerdings zugegeben – fällt es Kindern und geistlich armen Menschen leichter, diesen Ruf zu hören. Deshalb genießen sie die besondere Wertschätzung durch Jesus. Sein Ruf erreicht jedoch auch Menschen wie Paulus, die in unerreichbarer Genialität die intellektuellen Vorgaben des christlichen Glaubens erarbeiten und so formulieren, dass auch einfache Menschen sie gut verstehen können. Auch heute gibt es dafür Beispiele.

Niemand also sollte sich seines Glaubens schämen. Im Gegenteil: Gottes Ruf zu hören und ihm zu folgen ist mehr als alle Weisheit und Intellektualität dieser Welt. Es führt zur Ewigkeit; und die ist trotz aller intellektuellen Mühen nur im Glauben erreichbar und verstehbar.

101   Verhüllte Kirche

»Er aber zog sich zurück in die Wüste und betete.«
LUKAS 5,16

Venedig, das ist die Stadt der Paläste und Kirchen, der prachtvollen Plätze und der Kanäle. Es ist die Stadt mit einer großartigen Musikkultur, die Stadt Vivaldis, die Stadt auch der bedeutenden Kunstwerke. Meine Frau und ich aber wollten noch andere Seiten Venedigs kennenlernen. So tuckerte unser Vaporetto – also das Motorboot – langsam durch die Lagunen. Das Boot hielt, und wir betraten die Insel. Unmittelbar bei der Haltestelle war ein Gebilde, offenbar ein Bauwerk, das uns als vollkommener Kontrast erschien zu all den Herrlichkeiten Venedigs. Es bestand, so schien uns, vor allem aus unansehnlichen grauen Planen.

Ich war neugierig und wollte wissen, was sich hinter dieser unansehnlichen grauen Plane verbarg. So betraten wir die Baustelle und wagten einen Blick hinter die Plane. Dort sahen wir die aufregende Architektur einer kleinen gotischen Kirche. Sie wurde gerade restauriert. Wohl um ihren Anblick dem Publikum zu ersparen, hatten die Venezianer die Kirche unter den grauen Planen versteckt.

So wie es dieser Kirche erging, geht es auch mit den Menschen zu: Sie machen Veränderungen durch. Meistens geht es langsam; und für den, der dauernd mit ihnen zusammen ist, fällt das kaum auf. Manchmal aber setzt die Veränderung so schnell ein, dass man verständnislos danebensteht und gar nicht weiß, wie man sich dazu verhalten soll. Was einem immer wieder passieren kann – da begegne ich einem Menschen. Ich kenne ihn schon sehr lange. Aber merkwürdig: Diesmal werde ich so gar nicht warm mit ihm. Er ist wie ausgewechselt. Mürrisch und einsilbig antwortet er, seine Freundlichkeit ist wie weggeblasen. Sein Humor ist ihm offenbar abhandengekommen. Ich bin enttäuscht. Was ist bloß los mit ihm? Habe ich etwas falsch gemacht? Unbefriedigt beende ich das Gespräch. Nachher sage ich zu meiner Frau: »Mit dem war aber heute überhaupt nichts los!«

Oft liegt das daran, dass der Betreffende sich in sein Schweigen oder in seine aggressive Ruppigkeit einhüllt, so wie man eine Baustelle einhüllt. Er spürt die Veränderung, aber weiß noch nicht, was am Ende dabei herauskommt. Er merkt, so wie er ist, kann er nicht bleiben; aber wie er wird, das weiß er nicht. Und so verbirgt er sich und sein wahres Wesen vor der Mitwelt, wird schroff und unnahbar, zeigt sozusagen seine graue Plane, damit die Veränderung sich in aller Ruhe entfalten kann.

Das muss man akzeptieren. Auch Jesus zog sich bisweilen zurück, um allein zu sein mit sich und Gott. Gott will, dass jeder Mensch sein Lebensziel findet. Hinter der rauen Schale von Aggression, hinter der grauen Plane von Trotz und Missmut und depressiver Verstimmung kann ein Mensch, kann ich die Freiheit finden, in der Gott mir begegnet und mir Erfüllung schenkt. Dann wird die Plane weggezogen, und es erscheint ein neuer Mensch, wie neugeboren. Dafür hat sich die Zeit schon gelohnt, die ich hinter der grauen Plane zugebracht habe.

102 Der Riss

»Ich will euch trösten,
wie einen seine Mutter tröstet.«

JESAJA 66,13a

In einer Hauswand gibt es manchmal einen Riss. Da ist etwas passiert, was das Gefüge eines Bauwerks ins Wanken bringt, vielleicht ein leichtes Erdbeben, das es in Süddeutschland bekanntlich dann und wann gibt, oder zum Beispiel die Vibrationen einer Untergrund-Bahn. Dann machen sich die Handwerker auf und spachteln den Riss wieder zu. Nachher sieht dann alles wieder aus wie neu.

In fast jedem Menschenleben gibt es auch mindestens einen Riss. Manchmal sind es sogar mehrere: Enttäuschungen im Berufsleben. Probleme in der Familie. Gesundheitliche Probleme. Schlimme ärztliche Diagnosen. Das alles löst innere Erdbeben aus, und das seelische Gefüge erleidet einen Riss. Dann braucht der Mensch jemanden, der diesen Riss heilt. Heutzutage haben wir diese Tätigkeit den Psychotherapeuten übertragen. Früher einmal war dafür der Pfarrer da. Und immer noch steht in der Bibel der heilende Satz: »Ich will euch trösten, wie einen seine Mutter tröstet« (Jesaja 66,13).

Es gibt natürlich Menschen, die keinen Trost brauchen. Sie leben fröhlich in ihren sozialen Bezügen, gehen gern ihrer Arbeit nach, sind gesund, kurz: In ihrer Seele gibt es keinen Riss – wozu brauchen sie Trost?!

Es gibt aber auch Menschen, die sich in Fallen verfangen, die ihnen die Ablenkungsmanöver der modernen Gesellschaft bieten. Ich bin ja ein Verehrer von Heinz Erhardt. Es gibt aber von ihm ein Video, das meiner Verehrung doch recht nachhaltig Abbruch tut. Er sitzt da am Klavier und singt, sich selbst begleitend, folgenden Text: »Immer wenn ich traurig bin, dann trink ich einen Korn. Wenn ich dann noch traurig bin, dann trink ich noch'n Korn. Wenn ich dann noch traurig bin, dann trink ich noch'n Korn. Und wenn ich dann noch traurig bin, fang ich an von vorn. Holla hi, jubidi, hahaha, holla hi jubidi, haha.« Ein äußerst tiefsinniger Text, in der Tat.

Da braucht ein Mensch Trost, weil er unter dem Riss in seiner Seele leidet, und was tut er? Er übertüncht seinen Riss mit Alkohol und sucht in ihm nach Trost. Der Alkohol ist jedoch der schlechteste Tröster, den man sich vorstellen kann. Er beseitigt die Trauer nicht, sondern übertüncht sie nur. Und wenn man nicht aufpasst, wird man abhängig.

Bevor wir uns aber innerlich erheben und uns sagen: Gott sei Dank gehöre ich nicht zu den Abhängigen, nenne ich ein paar andere Ablenkungsmanöver, die uns den Riss in unserer Seele vergessen machen. Gewaltige Anstrengungen in dieser Richtung unternimmt die Unterhaltungsindustrie. Wer gut unterhalten wird – sei es im Fernsehen, auf dem Computer, in den Boulevardtheatern – spürt seinen Riss nicht. Die Werbeindustrie verspricht: Nimm dieses, nimm jenes, und du wirst glücklich. Und so gehen wir nicht zum Seelsorger, nicht zum Therapeuten, wenn wir den Riss in unserer Seele spüren, sondern verdecken ihn mit den Einkaufstüten, auf denen die Namen der Konsumtempel mit großen Buchstaben aufgeschrieben stehen.

103   Das Nest

»Liebt eure Feinde.«

LUKAS 6,27

Wenn man den Kreuzgang bei der Kirche St. Peter in Bad Wimpfen entlanggeht, entdeckt man als aufmerksamer Betrachter an einem Pfeiler ein in Stein gehauenes Vogelnest, in dem eine Vogelmutter zwei kleine Vogelkinder versorgt. Man kann dieses Detail mit der spätgotischen Verspieltheit erklären, die so manche denkwürdige Figur hervorgebracht hat. Es kann auch sein, dass der Bildhauer mit der nährenden Vogelmutter einen Hinweis auf Jesus Christus angebracht hat, der die Christen mit der notwendigen Lebens- und Glaubenskraft versorgt.

Einen anderen Vorgang verbindet der Dichter Nikolaus Lenau mit dem Vogelnest. In einem Gedicht erklärt er, wie ein Mönch über die Albigenser-Kreuzzüge des 13. Jahrhunderts nachdenkt. Was dem Mönch das Herz schwer macht, ist die unglaublich rohe Gewalt, die von den Kämpfern für den rechten Glauben angewandt wurde. Wenn ein südfranzösisches Dorf, in dem Albigenser wohnten, von den Söldnern erobert worden war, wurden manchmal alle Bewohner, gleich, welchem Glauben sie anhingen, ermordet. »Tötet sie alle!«, soll ihnen ein Abt nachgerufen haben, »Gott wird die Seinen erkennen!« Die Überlebenden fallen später der Inquisition zum Opfer. So wird die Kirche Herr über die Abweichler und merkt dabei gar nicht, dass sie selbst von der Friedens- und Feindesliebe ihres Herrn in grauenhafter Weise abgewichen ist.

Unser Mönch aber merkt das und schämt sich für die Kirche Jesu Christi, die sich so zum Bösen hat hinreißen lassen. Anstatt nun aber sich über die Übeltäter von Südfrankreich zu erheben, geht er in sich und erforscht, ob gleiche Grausamkeit auch in seinem eigenen Herzen wohnt. Und siehe da, eine Erinnerung bemächtigt sich seiner: Hat er nicht als Kind ein Vogelnest gefunden und es mit einem Steinwurf zerstört? Er muss sich eingestehen: Derselbe Drang, das Glück boshaft zu zerstören, ist auch in seiner Seele.

Ich zitiere Lenau: »So klagt der Mönch und kann sichs nicht vergeben, / Dass er den Vöglein brach ihr junges Leben. / Und das Zerstörte wieder aufzubauen, / Hat er das Nest im Felsen ausgehauen. / Oft sah man ihn zu seinem Bilde kehren, / Um seine stille Wehmut dran zu nähren.« So weit der Dichter.

Ich möchte das Gedicht Lenaus dahingehend verstehen, dass es nicht ausreicht, das Zerstörte in einem Bildnis zum Gedächtnis vor sich hinzustellen und in Reue davor zu zerfließen. Vielmehr zeigt der Mönch mit seinem Vogelnest von Wimpfen, dass auch im Herzen eines frommen Menschen die Möglichkeit zu jedem Bösen schlummert. Deshalb mahnt das Vogelnest, wachsam zu sein mit sich selbst, damit man dem treu bleibt, der das Böse mit der Liebe zum Nächsten und zum Feind überwindet, Jesus Christus.

104 Bauchschmerzen

»Vergib uns unsere Schuld.«

MATTHÄUS 6,12a

Wenn Friedrich Nietzsche sich zum Gewissen äußert, kann man sicher sein, dass er eine zynische Verurteilung desselben im Sinn hat. Für ihn ist das Gewissen, wie wir es kennen, der innere Anwalt einer überholten religiösen Instanz.

Denn nach Nietzsches Meinung ist Gott tot, und alles, was mit ihm zu tun hat, ebenfalls. Und deshalb auch das Gewissen. Das Gewissen verpflichtet seinen Träger zu einem Schuldbewusstsein, das nach Nietzsches Meinung die Entwicklung des Menschen zu seiner eigentlichen Bestimmung, nämlich ein Übermensch zu werden, hindert. Das verursacht moralische Bauchschmerzen. Als Ausgleich dafür drangsaliert der Mensch seine Mitmenschen. Geteilte Bauchschmerzen sind halbe Bauchschmerzen. In diesem Sinne sagt Nietzsche: »Gewissensbisse erziehen zum Beißen.«

Diese Feststellung – das ist erstaunlich – bleibt auch dann noch richtig, wenn man über den Menschen und seine Bestimmung und über Gott ganz anders denkt, als Nietzsche dies tut. Denn jemand, der eine Schuld auf sich geladen hat, tut in der Regel alles, um die Aufmerksamkeit von sich abzuwenden. Wer ihm nahekommt, könnte ja herausfinden, dass er irgendetwas getan oder unterlassen hat, was ihm nun Gewissensbisse verursacht. Deshalb wird die wohlmeinende Kollegin, der Freund, der Ehegatte sozusagen *weggebissen*. So erziehen Gewissensbisse zum Beißen.

Nietzsche würde in einem solchen Fall empfehlen, das schlechte Gewissen einfach zu ignorieren und als Überbleibsel einer überwundenen Erziehung abzutun. Das allerdings ist der schlechtmöglichste Umgang mit dem schlechten Gewissen. Besser wäre es, die Schuld dort einzugestehen, wo sie entstanden ist und um Verzeihung zu bitten. Wenn die Verzeihung gewährt wird, erübrigt sich die Bissigkeit. Denn vergebene Schuld drückt das Gewissen nicht mehr. Man kann sich einander wieder annähern, ohne befürchten zu müssen, der andere dreht einem einen Strick aus dem Versagen. Er hat es verziehen und ist gut Freund geblieben oder durch die Vergebung erst geworden.

Manche Gewissensbisse können zwischen Mensch und Mitmensch nicht bereinigt werden. Es gibt so schwere Schuld, dass die Bitte um Vergebung gar nicht angebracht werden kann. Wer will zum Beispiel wen um Vergebung bitten, wenn jemand schuldhaft in den Tod getrieben wurde? Es gibt – und das muss gegen Nietzsche unbedingt festgehalten werden – nur einen, der solche Gewissensbisse beruhigen kann. Als ein paar Söldner Jesus Christus ans Kreuz nageln, betet er: »Vater, vergib ihnen, denn sie wissen nicht, was sie tun.« Der Gott, der dieses Gebet erhört, kann auch dem Vergebung gewähren, der bei Menschen keine mehr finden kann. Dann kann auch die durch Gewissensbisse verloren gegangene Beißhemmung wiedergewonnen werden.

105 Werbung

Im Zeitalter umfassender Werbung, die sich aller möglichen Medien bemächtigt, gibt es immer noch werbefreie
Zonen, die in den Dienst zur Täuschung und Verführung
des Konsumenten gestellt werden können. Daher folgen
hier einige Vorschläge zur Verbesserung der Reklame und
damit des Umsatzes.

Viele Menschen legen sich auf eine Sommerwiese oder
an den Strand und schauen den langsam davonsegelnden
Wolken nach. Sicher, ab und an schwebt ein Zeppelin mit
dem Warenzeichen einer Firma über den Himmel; und hin
und wieder schleppt ein Kleinflugzeug eine Fahne mit einem Werbeaufdruck hinter sich her. Doch nachdrücklicher
wären Vorrichtungen, die die Wolken selbst in bestimmte
Formen bringen. Dann könnten am Himmel fast grenzen-
los die Logos von Produzenten sommerlicher Artikel erscheinen und so den faul daliegenden Adressaten zum Run
auf das nächste Kaufhaus animieren.

Nach Sonnenuntergang tut sich eine andere mögliche
Werbefläche auf: der Mond, vor allem als Vollmond. Wo
bleibt die Firma, die ihr Zeichen auf den strahlenden Mond
projiziert und die Schritte derer, die im Mondlicht spazieren
gehen, zu den entsprechenden Konsumtempeln führt?
Noch wirkungsvoller allerdings erscheint es mir, wenn der
sonst unsichtbare Neumond durch eine entsprechende Pro-

jektion sichtbar wird. Die Dunkelheit mondloser Nächte würde sich aufhellen, nebenbei lichtscheuem Gesindel ihr Geschäft erschweren, und die Nacht bekäme für Produzenten und Konsumenten endlich einen produktiven Sinn.

In wolkenverhangenen Nächten heult der Wind, manchmal der Sturm durch die Wälder und die Straßen. Warum hat man nicht längst die riesigen Pfeifen gebaut, die diese gewaltige Kraft der Werbung dienstbar machen? Man könnte auf diese Weise die aus Funk und Fernsehen bekannten Werbemelodien in ungehinderter Lautstärke verbreiten und nebenbei die ungeformten Naturlaute in gefällige Eindrücke für das menschliche Ohr verwandeln.

Doch damit nicht genug: Auch am natürlichen Ende des menschlichen Lebens ist noch Raum für Werbung aller Art. So habe ich noch keinen Leichenwagen gesehen, an dem die Vorzüge eines bestimmten Schneiders für Sargkleidung oder eines Schusters für Sargschuhe herausgestellt wurden. Auch der Sarg selbst bietet sechs Flächen, die für Werbung nutzbar gemacht werden könnten. Formschöne Särge bietet in reicher Auswahl Bestattungsinstitut Sowieso. Und wenn der also Verblichene an das Tor zum Himmel kommt, würde ihn dort zuerst ein Reklameschild auffordern, einen Kredit mit unbegrenzter Laufzeit aufzunehmen. In den Augen des Pförtners, der den Verstorbenen begrüßt, blinkt – auf Kontaktlinsen aufgebracht – das versilberte Eurozeichen. Doch Moment, ist dies wirklich der Himmel? Oder doch wohl eher die Hölle?

106   Der Slogan

»Du sollst nicht falsch Zeugnis reden
wider deinen Nächsten.«

2. MOSE 20,16

Murphys Gesetz lautet bekanntlich: »Alles, was schiefgehen kann, wird auch schiefgehen.« In seinem Gefolge versuchen viele Autoren, Murphys Gesetz auf andere
Gebiete zu übertragen; so formulierte der amerikanische
Schriftsteller Arthur Bloch eine Fülle von Varianten. Unter
anderem schreibt er: »Ein guter Slogan kann jegliches Denken fünfzig Jahre lang aufhalten.«

Der Slogan, mit dem Donald Trump seine Wahl gewann,
lautete schlicht und ergreifend: »America first« – »Amerika
zuerst«. Diese beiden Wörter genügten neben dem Einsatz
von horrenden Dollarsummen für seine Verbreitung und
brachten das amerikanische Volk dazu, das Denken an der
Wahlurne einzustellen und nur noch dem Slogan zu gehorchen.

Doch wäre es fatal und einseitig, nur Amerikanern solches zu unterstellen; auch unser Land kennt Slogans, die
das Denken beeinträchtigen. Sie schlagen sich nieder in
den Unworten des Jahres, die von der Jury »Sprachkritische
Aktion Unwort des Jahres« ausgewählt werden. »Volksverräter« ist das Unwort des Jahres 2016. Der Slogan will nun-
mehr fast siebzig Jahre intensiven Nachdenkens und demo-
kratisch verantworteten politischen Handelns ad absurdum
führen. Wer es verwendet, braucht über die Errungenschaf-

ten demokratischer Regierungsformen nicht mehr nachzudenken. Wer politisch anders handelt, als man selbst es tun würde, wird einfach als Volksverräter denunziert. Dass damit Menschen gemeint sind, die ihre Entscheidungen oft unter großen persönlichen Opfern und nach tagelangen kräftezehrenden Debatten fällen, wird dabei geleugnet. Es zählt nur noch das eigene Interesse, schlimmer noch: Es zählen nur die eigenen Vorurteile und die eigenen emotionalen Befindlichkeiten.

Wenn jemand die sogenannten Volksverräter durch sachliche Berichterstattung zu rehabilitieren sucht, taucht plötzlich ein anderer Slogan auf: »Lügenpresse«; als ob alle Zeitungen und Rundfunksender bewusst Lügen über die Volksvertreter verbreiten würden. Ich folgere daraus: Ein Slogan ist dann ein guter Slogan, wenn er sich gegen alle diejenigen wendet, die eine andere Meinung vertreten als die eigene. Man unterstellt böse Absichten und böses Handeln, ohne es je beweisen zu können oder auch nur zu müssen.

Im Gegensatz zu diesen Slogans steht das biblische Gebot: »Du sollst nicht falsch Zeugnis reden wider deinen Nächsten«, in dem das gedankenlose Nachplappern diffamierender Slogans mitgemeint ist. Jesus Christus verschärft das Gebot noch, indem er empfiehlt, zuerst nach dem Balken im eigenen Auge zu schauen, bevor man den Splitter im Auge des anderen sieht – ein bemerkenswerter Vorschlag in einer Zeit, in der die Slogans und Unwörter das Klima in Deutschland vergiften.

107   Der Bettler

»Was ihr getan habt einem
von diesen meinen geringsten Brüdern,
das habt ihr mir getan.«

MATTHÄUS 25,40

Ich trete aus dem Haus eines Kollegen und will gerade einen kleinen Spaziergang in der Morgensonne machen. Da nähert sich ein Mann. Er ist unrasiert und schmuddelig. Seine Kleider sehen aus, als hätten sie ziemlich lange keine Waschmaschine gesehen. Die Schuhe sind ausgetreten; an manchen Stellen lösen sich die Sohlen. Auf dem Rücken trägt er einen alten Rucksack. Ein Bettler. Er steuert direkt auf mich zu. Meine Gefühle sind gemischt. Was soll ich hier mit einem Bettler anfangen? Ich habe kaum Geld in der Tasche. Ich bin auch gar nicht darauf eingestellt, einem Bettler Almosen zu verabreichen. Er aber steuert direkt auf mich zu und fragt: »Sind Sie der Pastor?« Ich antworte: »Ich bin zwar Pastor, aber ich bin hier nur zu Besuch.« – »Aha«, sagt er. »Ist denn der Pastor zu Hause?« Ich antworte: »Ich bin zwar beim Pastor zu Besuch, aber der ist gerade nicht da.« – »Oh, schade!«, meint er.

Ich hoffe, dass er gleich wieder abzieht. Aber das tut er nicht. Er verwickelt mich in ein Gespräch, so nach dem Motto: »Schönes Wetter heute, nicht?« Dann bekommt er heraus, dass ich in Württemberg wohne. »Schöne Gegend«, meint er, »nur etwas schwierig.« Er meint, dass die Schwaben nicht so freigebig sind. »Aber bei den Pfarrern findet man trotzdem immer wieder einen Dummen.« In dem Augenblick erinnert er sich daran, dass ich auch zu den Pfarrern gehöre. Er lacht laut. Ohne jede Verlegenheit.

Schließlich sagt er: »Warm ist es hier. Ich habe Durst.« Er schnallt sich den Rucksack ab und holt eine halb ausgetrunkene Wasserflasche heraus. Er schraubt sie auf und setzt sie an den Mund. Nach ein paar Schlucken setzt er ab, schaut mich an und fragt: »Willst du auch mal?« Ich habe wirklich Durst und sage: »Ja, bitte!«, und strecke meine Hand nach seiner Wasserflasche aus.

Da schaut er mich an. »Du hast ja gar kein Glas!«, sagt er. Ich antworte: »Bin an der Flasche groß geworden.« – »Was«, ruft er aus, »aus dieser Flasche willst du trinken?« Ich sage: »Ja sicher. Warum denn nicht?« Er schaut mir in die Augen. »Ich bin doch giftig!« Ich grinse. »Nee, nee, nur her damit!« Er gibt mir die Wasserflasche, ich nehme einen langen Schluck daraus und gebe sie ihm zurück. In seinen Augen strahlt es. »So«, sagt er, »nun muss ich wieder gehen.« Ich erinnere ihn: »Wolltest du nicht auf den Pastor warten?« – »Nee, nee«, antworte er, »den brauch ich jetzt nicht mehr.« Seine Augen strahlen weiter. Er dreht sich um und geht. Er wendet sich noch einmal zu mir zurück und winkt mir vergnügt zu.

Er hat, so reime ich mir sein Strahlen und seinen plötzlichen Abschied zusammen, jemanden getroffen, der ihn nicht giftig findet, sondern als gleichwertigen Mitmenschen behandelt. Das reichte für diesen Augenblick. Und mir wurde klar, wie segensreich ein Schluck Wasser für den sein kann, der ihn anbietet und für den, der ihn annimmt.

108 Dorfgasthof

»... kein Gewinn unter der Sonne.«

PREDIGER 2,11b

Auf der Rückreise aus unserem südeuropäischen Urlaubsparadies machten wir Rast in einem schweizerischen Dorfgasthof. Wir übernachteten dort und wollten am nächsten Morgen unsere Heimreise fortsetzen. Wir suchten den Gastwirt auf, um uns zu verabschieden. Er war gerade ziemlich beschäftigt und sagte uns ganz nebenbei »Auf Wiederluege!« Ich machte ihn darauf aufmerksam, dass wir die Rechnung für unseren Aufenthalt noch zu bezahlen hätten. »Ja, das muss auch sein!«, sagte er. Ich lachte und entgegnete: »Von mir aus muss das durchaus nicht sein; ich kann gut darauf verzichten.« Da schaute er mich verschmitzt an und bemerkte: »Am Schluss haben wir alle gleich viel!«

Ich war darüber so erstaunt, dass mir keine Antwort einfiel. Schweigend bezahlte ich meine Rechnung; und seine weise Einsicht hatte ihn nicht daran gehindert, einen ordentlichen Betrag an Schweizer Franken aufzuführen. Sein Spruch begleitet mich trotzdem bis heute; und immer wieder einmal, wenn ich in Versuchung gerate, auf den Reichtum mancher Zeitgenossen neidisch zu sein, denke ich an den Gastwirt und sein Wort vom Ende. Der Gedanke lässt sich schwerlich abweisen, dass unser Leben endlich ist. Viele Werte, für die wir arbeiten und einstehen, werden dadurch eingeebnet. Was hilft Reichtum, was hilft Ehre, was hilft Schönheit, wenn das Ende des Lebens in Sicht kommt? Es fällt alles der Vergänglichkeit anheim und sinkt mit uns in das Grab.

Das nimmt auch vielen politischen Kämpfen den Sinn; und es stimmt doppelt traurig, dass dieses bisschen Leben, das wir diesseits des Endes führen, noch durch Kampf und Krieg vergällt wird. Was dadurch erreicht wird, ist ja ebenso vergänglich wie alles andere.

Die Frage könnte aufkommen: Wenn das so ist und dies alles keinen Bestand hat, wenn am Ende alle gleich viel haben – nämlich nichts –, was hat dann noch das Leben für einen Wert? Die Antwort geben wir uns selbst Tag für Tag und Stunde um Stunde. Wenn alles schwindet, was uns wertvoll scheint, so halten wir doch am Leben fest und verteidigen es, wenn nötig, mit Zähnen und Klauen. Es ist unser höchster Wert, und wir sind bereit, alle unsere Habe einzusetzen, wenn nur das Leben bleibt.

Das liegt daran, dass Ursprung und Ziel unseres Lebens nicht im Bereich des Vergänglichen liegen. Wir leben, weil ein liebender Gott unser Leben will. Am Ende haben wir nichts mehr, das ist wohl wahr; aber mit unseren leeren Händen stehen wir vor Gott. Er will sie füllen; und was er schenkt, ist unvergänglich. Von diesem Unvergänglichen leben wir mitten in dieser vergehenden Welt. Weil wir das spüren, ist uns unser Leben so kostbar.

109   Bei dir sein

»Ich bin bei euch alle Tage.«

MATTHÄUS 28,20b

Ich sitze vor meinem Computer und schreibe eine Morgenandacht für Deutschlandradio Kultur. Da öffnet sich leise die Tür. Mein Sohn nähert sich. Er ist zu dem Zeitpunkt, von dem ich erzähle, fünfzehn Jahre alt, mitten in einem Alter, das gemeinhin als problematisch gilt. Ich drehe mich nach ihm um und frage ihn freundlich: »Was willst du?« Er antwortet: »Ich will bei dir sein.« Er holt sich einen Stuhl und setzt sich neben mich.

Ich denke, dass er meine Arbeit mitverfolgt. Aber er schaut gar nicht hin. Bei mir zu sitzen genügt ihm offensichtlich. Nach ungefähr einer Viertelstunde, in der außer dem leisen Klacken meiner Computertastatur gar nichts geschieht, sagt er: »Tschüss, Papa. Ich gehe jetzt Fußball spielen.« Ich nicke ihm zu, sage: »Tschüss, mein Sohn, und viel Spaß. Hoffentlich gewinnt Ihr!« Doch da ist er schon fast verschwunden, und ich arbeite weiter an meinem Text.

Aber das geschieht nun anders als vorher – leichter, beschwingter. Ich bin stolz und glücklich, dass mein Sohn einfach nur bei mir sein wollte. Ich denke: Vielleicht ist das eines der Geheimnisse eines glücklichen Zusammenlebens, dass jemand da ist, der einfach sagt: »Ich will bei dir sein«, ohne Forderung, ohne Hintergedanken, ohne ein dickes Ende, das oft solchen Ankündigungen folgt. Mehr braucht es nicht, um zu wissen: Dieser Mensch ist mir wohlgesonnen, dieser Mensch mag mich, er liebt mich, und zwar so sehr, dass es ihm genügt, bei mir zu sein. Das ist Glück.

Das Erlebnis ist nun zwanzig Jahre her. Mein Sohn ist erfolgreich in seinem Beruf, und ich bin ein alter Mann geworden. Aber immer noch höre ich seine leise Stimme: »Ich will bei dir sein.« Manchmal telefonieren wir miteinander. Der Kontakt ist nicht abgerissen; er ist nur anders geworden. Geblieben ist die Freude aneinander, die auch dann aufkommt, wenn wir einander nach langen Reisen in die Arme schließen. Dann ist er wieder bei mir; und wieder genügt es ihm, bei mir zu sein. Und mir genügt es, bei ihm zu sein.

Wer das kennt und erlebt, versteht auch den großen Trost, den die Jünger Jesu empfanden, als sie ihren Meister sagen hörten: »Ich bin bei euch alle Tage bis ans Ende der Welt.« Es ist die Liebe Jesu zu seinen Jüngern, die ihn das sagen lässt. Sie trifft auf ihr Gegenstück, die Liebe der Jünger zu Jesus, dass sie für diese Worte offene Ohren haben. Und so formiert sich das Glück, bei Jesus zu sein und Jesus bei sich zu wissen, zu einem Lied, das die Gemeinde Jesu gern und oft singt: »Bei dir, Jesus will ich bleiben.« Vielleicht ist es auch für Jesus in seiner himmlischen Welt ein großes Glück, dass es Menschen gibt, die bei ihm sein wollen, ohne Forderung, ohne Hintergedanken.

»Wirklich frei.«

JOHANNES 8,36b

Everybody Loves Saturday Night« – alle Menschen haben lieb Samstagnacht. So lautet die holprige Übersetzung eines Schlagers, der der Legende nach in den vierziger Jahren in Nigeria entstanden sein soll. In Wirklichkeit ist er wohl in England geschrieben worden, und zwar von Aldwyn Roberts. Von da aus hat er die Welt erobert und ist in viele Sprachen übersetzt worden. Das ist auch keine große Kunst; denn der Schlager besteht nur aus dieser einen Zeile: »Everybody Loves Saturday Night«.

Warum aber jeder Mensch den Samstagabend liebt, darauf gibt der Film »Saturday-Night-Fever«, Samstagabend-Fieber, mit John Travolta in der Hauptrolle die Antwort. Der Held dieses Films, Tony, ist in der ganzen Woche eine kleine graue Maus in einem Farbengeschäft. Erst am Samstagabend blüht er auf, dann nämlich, wenn er die örtliche Diskothek aufsucht. Hier ist er nicht mehr der kleine Angestellte, sondern der König des Tanzes. Er gewinnt eine neue Identität – oder ist es seine wahre Identität, die unter dem Deckmantel des Alltäglichen nur verborgen war? Ob alte oder neue Identität – das, was er jetzt ist oder zu sein scheint, darf einen ganzen Samstagabend und die ganze darauffolgende Nacht anhalten. Denn – und das macht den Samstagabend so verführerisch schön – am nächsten Morgen ist Sonntag, und am Sonntag wird nicht gearbeitet, am Sonntag kann man sich von seiner Identität, sei sie neu oder alt, erholen.

Der Samstagabend wird also deswegen so geliebt, weil an ihm der Mensch eine Chance bekommt, so zu sein, wie er wirklich ist: wild, ausgelassen, naiv, aber auch fürsorglich und empfindsam. Was der Alltag ihm verschüttet, kommt am Samstagabend zutage. Er hat das Gefühl: »Hier bin ich Mensch, hier darf ich's sein.«

Es ist nur gut, dass auch für Diskoverächter und Christen ein solcher Ort vorhanden ist. Ausgerechnet am Sonntagvormittag, den Tony zum Ausschlafen braucht, finden die Gottesdienste statt, in denen der Mensch seine Freiheit erfahren darf. Zugegeben, ein Gottesdienst in einer deutschen Kirche ist nicht halb so wild wie der Samstagabend in Harlem oder Johannesburg. Es geht eher gesittet zu. Die Freiheit aber, die ein Mensch am Sonntagmorgen erfahren kann, ist weit mehr als die Freiheit eines Samstagabends. Sie wird ihm zugesprochen im gemeinsamen Singen, im Gebet und in der Predigt. Es ist eine Freiheit, die aus der Liebe Gottes herrührt. Es ist die Freiheit von dem Zwang, anders handeln zu müssen als man eigentlich will. Es ist die Freiheit von der Angst, sein Leben vergeblich gelebt zu haben, die Chance versäumt zu haben, zu sich selbst zu finden.

Die Freiheit ist begründet in Jesus Christus, der seinen Nachfolgern zuruft: »Wenn euch nun der Sohn frei macht [gemeint ist Jesus selbst], so seid ihr wirklich frei« (Johannes 8,36).

111 Kein Petroleum im Haus!

»Das Leben war das Licht der Menschen.«
JOHANNES 1,4b

M eine Frau und ich machten Urlaub in einer Strand-
hütte. Das war eine sehr urtümliche Zeit, denn wir
hatten keinen elektrischen Strom. Das wussten wir vorher;
die Beleuchtung der Hütte mittels einer Petroleumlampe
war in dem Reiseprospekt bereits als Grund für die relativ
geringe Miete angegeben. Wir rechneten also damit.

Womit wir freilich nicht gerechnet hatten, war der Um-
stand, dass bei unserer Anreise kein Öl mehr in der Lam-
pe war. Und womit wir noch weniger gerechnet hatten: Es
gab auch nirgends Petroleum zu kaufen; denn wir kamen
am Freitagabend an, und da hatten alle einschlägigen Ge-
schäfte geschlossen, so wie am Samstag und am Sonntag
auch. Und die Verwalterin des Platzes, auf dem unsere Hütte stand, wedelte bedauernd mit ihren erhobenen Händen:
Kein Öl mehr da!

Was blieb uns schließlich anderes übrig, als mit der Sonne schlafen zu gehen. Es war reichlich weit im Süden, die
Sonne ging früh unter, und Dunkelheit ergriff Besitz von
der Hütte und von uns. Aber am nächsten Morgen weck-
te uns die aufgehende Sonne. Und das war herrlich. Das
war kein Aufwachen mehr, das war ein freudiger Augenaufschlag dem Licht entgegen. Von Montag an ging alles
wieder seinen gewohnten Gang: Lesen bis in die Puppen,
stricken, malen, häkeln, schreiben und so weiter, bis wir

todmüde ins Bett sanken und erst um zehn Uhr morgens widerwillig aufstanden.

Doch die dunklen Nächte davor, mit ihren leuchtenden Morgendämmerungen, das erschien uns als ein Bild für unser inneres Leben, für unsere Seele. Ohne Licht sieht es auch da duster aus. Ohne Licht erkennen wir nicht, woher wir kommen, wohin wir gehen und wer wir sind. Ohne Licht sehen wir nicht den Sinn unseres Daseins. Ohne Licht sind wir tief versunken im Schlaf der Bewusstlosigkeit. Wenn wir die entscheidenden Dinge des Lebens erkennen wollen, muss uns ein Licht aufgehen. Erst wenn uns dieses Licht aufgeht, erkennen wir, wer wir sind, wohin wir gehen und wer uns in dieses Leben hineingeworfen hat. Und wenn es uns aufgeht, erwachen wir aus dem Dämmerschlaf der Bedeutungslosigkeit.

Dieses Licht ist der Widerschein des Lichtes Gottes. Gottes Licht strahlt uns an, und wir sehen in seinem Widerschein uns selbst, unsere Bestimmung und unser Ziel. In Psalm 36 steht deshalb geschrieben: In seinem, das heißt Gottes Licht sehen wir das Licht (Psalm 36,10). Wir stehen im Licht Gottes und erkennen in diesem Licht Weg und Ziel unseres Lebens. Wenn uns dieses Licht aufgeht, ist das kein Erwachen mehr. Es ist ein freudiger Augenaufschlag Gott entgegen.

Quellenverzeichnis

Manfred Becker-Huberti: *Lexikon der Bräuche und Feste. Über 3000 Stichwörter mit Infos, Tipps und Hintergründen für das ganze Jahr*, Herder, Freiburg 2007

Robert Bloch: *Ich küsse deinen Schatten*, Diogenes, Zürich 1989

Dietrich Bonhoeffer, *Widerstand und Ergebung*, Kaiser Verlag, München 1951 (Zitat S. 63)

Dietrich Bonhoeffer, *Gemeinsames Leben*, Kaiser Verlag, München 1939 (Zitat S. 103)

Dietrich Bonhoeffer, *Seminare - Vorlesungen - Predigten*, 1924 bis 1941, Kaiser Verlag, München 1972 (Zitat S. 105) Bertolt Brecht: *Bertolt Brechts Hauspostille*, Suhrkamp, Frankfurt am Main 1999

Volker Demut: *Fleisch*, Matthes & Seitz, Berlin 2016

Max Frisch: *Tagebuch 1946 bis 1949*, Suhrkamp, Frankfurt a.M. 1950

Johann Wolfgang Goethe: *Faust 1. Der Tragödie erster Teil*, Reclam, Ditzingen 1992

Dag Hammarskjöld: *Zeichen am Weg. Das spirituelle Tagebuch des UN-Generalsekretärs*, Knaur, München 1965

Gert Heidenreich: *Die vertriebene Zeit*, SWR 2010, www.gert-heidenreich.com/4137/42776.html

Hansjörg Hemminger (Hg.): *Die Rückkehr der Zauberer. New Age. Eine Kritik*, Rowohlt, Reinbek 1990

Hans Kudszus: *Das Denken bei sich*, Matto, Köln 2002

Antoine de Saint-Exupéry: *Der kleine Prinz*, Rauch Verlag, Bad Salzig 1950

Dirk Schulz (Hg.), Dietrich Bonhoeffer Werke (DBW),
Bd. 15, Illegale Theologenausbildung, Sammelvikariate
1937-1940, Gütersloher Verlagshaus, Gütersloh 1998
(Zitat auf Seite 109 der Druckfahne) Hugo Werner
(Hg.): *Wilhelm Busch. Gesamtwerke in sechs Bänden*, Band
6, Füllhorn-Sachbuchverlag, Stuttgart 1982, S. 72
Elie Wiesel: *Erinnerung als Gegenwart*, Elie Wiesel in Loc-
cum, Loccumer Protokolle 25/86, S. 157

Die im Buch angeführten Zitate von Elie Wiesel sind auf
folgenden Webseiten zu finden:
https://gutezitate.com/autor/elie-wiesel
https://gutezitate.com/zitat/121873
https://gutezitate.com/zitat/172428
https://www.zitate.de/kategorie/Ungerechtigkeit
http://www.nur-zitate.com/autor/Elie_Wiesel

Die Bibelstellen sind folgender Übersetzung entnommen:
Lutherbibel, revidierter Text 1984, durchgesehene Ausgabe ©
1999 Deutsche Bibelgesellschaft, Stuttgart.
Die Bibelstelle Hebräer 4,13 auf Seite 62 (siehe: 26 »Das
Chamäleon«) ist folgender Bibelübersetzung entnommen: Berger/Nord: *Das Neue Testament und frühchrist-
liche Schriften.* Übersetzt und kommentiert von Klaus
Berger und Christiane Nord, Insel Verlag, Frankfurt
a.M. und Leipzig 1999.

Wir haben uns bemüht, alle Quellen ausfindig zu machen.
Wo es uns nicht gelungen ist, sind wir dankbar für Hin-
weise.

Bibelstellen- und Stichwortregister

Verzeichnis der Bibelstellen

Stichwortregister